LE MIE FIABE

illustrazioni di Zanini M. Brigida e Daniela Quadrocchia

Fratelli MELITA Editori

Rosa di sole

C'era una volta un uomo povero, molto povero, che campava a stento la vita andando a lavorare a giornata ora da questo ed ora da quello. Una mattina al sorgere del sole si avviò ad un canneto a tagliar canne per un vignaiuolo.
Nell'aria era la tenera solennità dell'ora prima ed egli con lenta cantilena cantava:

Povero Pico! sei figlio di Miseria;
Lavori di continuo e mangi male.
Avere un soldo è per te cosa ben seria,
E tant'altri son sempre in carnevale!...

La strofetta era stata ripetuta già parecchie volte allora che quel canto, che era lamento, si cambiò in un "oh!..." di meraviglia. Al margine del canneto, bene accomodato fra le canne, Pico aveva veduto un cestino di vimini, legato accuratamente con nastri. Pigliarlo ed aprirlo fu tutt'uno.
Una creaturina bionda lo guardò con uno sguardo di cielo e gli tese le manine color di rosa.
Pico non pensò più né alla miseria, né alle canne che doveva tagliare e con la cestellina affettuosamente stretta fra le braccia, ritornò di corsa a casa dalla moglie.

Entrambi, con un contento non mai provato, non si saziavano di ammirare e di accarezzare la bambina. Finirono col proporsi di tenerla come loro figliola. Se non che Mirandola, che era la moglie, uscendo in breve dalla dolce illusione, disse a mezza voce, quasi volesse e non volesse dire: – Come faremo ad allevarla!... Siamo così poveri!... Dove troveremo il denaro per comprarle il latte? –

Pico guardò la moglie con occhi spalancati e, picchiando un forte pugno sulla tavola, urlò con voce che diceva il pianto dell'anima:

– Siam figli di Miseria!... –

Fu interrotto da un belato...; il belato si avvicinava... Una capra, candida come neve, entrò lenta, si accostò alla bambina e le porse il suo latte.

I due si guardarono stupiti e commossi. Disse la donna:

– Vedi, marito mio? Dove c'è innocenza c'è provvidenza – Teniamo la piccola bella creatura e chiamiamola Rosa di Sole, poiché ce l'ha data l'aurora di questo giorno. –

– E questo giorno sia benedetto! –

Aggiunse Pico, con voce di commozione e levando in alto lo sguardo.

In quel momento una cicogna, il bianco simbolo della pietà figliale, fermò il volo sul tetto della povera casa e nel suo linguaggio ignoto cantò:

«Addio Rosa di Sol, felice qui vivrai.
Figlia di re tu sei,
Sposa di re diventerai,
Se sarai buona e lo meriterai.»

Con Rosa di Sole nella dimora di Pico e di Mirandola, sino allora così triste e squallida, entrò la letizia e se ne andò la miseria. La capra dava latte in abbondanza e ce n'era anche per condire la polenta e fare formaggio e ricotta. Pico, così contento com'era, non si sentiva più abbattuto e stanco; lavorava con maggior lena e faceva miglior guadagno.

Rosa di Sole cresceva leggiadra e forte come la figlia di un gran signore. Era una visione di gentile bellezza vederla saltellare e correre con la capretta bianca sul praticello che si apriva davanti alla casa o sotto i grandi castagni del bosco vicino.

Un giorno il re e la regina passavano in carrozza: e disse la regina:

– Ecco Rosa di Sole, la bambina del canneto. È così bella e vezzosa che non par cosa di questo mondo. Se si facesse in modo di averla noi?... Abbiamo solo un reuccio; ed io ho sempre tanto desiderato una reginella!... –

Ma il re rispose freddamente e quasi con disprezzo:

– È venuta non si sa di dove... Potrebbe essere razza di zingari: non ce ne impicciamo. –

Tacque la regina, dicendosi con un sospiro che la bellissima creatura poteva anche essere sangue di re.

* * *

Si era alla vigilia della fiera, che era la fiera più rinomata di tutto il regno. Erano già venuti mercanti da paesi lontani lontani con robe magnifiche non mai vedute. Ci sarebbero stati divertimenti per più giorni di seguito. Le botteghe del paesello avevano messo in mostra ogni sorta di ghiottonerie squisite, e la gente passava con cesti e sporte ricolmi di buoni cibi per far baldoria in quell'occorrenza opportuna ai larghi guadagni e all'allegria.

Pico, appoggiato alla porta della casetta, con le mani dietro alla schiena, guardava torvo e sospirava. Gli chiese la moglie:

– Che hai, Pico mio bello, che stai lì imbronciato e non parli? –

– Domani è la fiera ed io non ho in tasca il becco di un quattrino!... Non potrò come gli altri far festa in casa!... Non potrò comprare nemmeno un grembiule a te, né un ninnolo per la piccina... –

Mirandola gli andò davanti, gli posò le mani sulle spalle e, mostrandogli il bel viso sereno, gli disse:

– Abbiamo il sorriso di Rosa di Sole noi: accontentiamoci!... C'è chi sta peggio... Non ti ricordi?... –

Se non che quando si alzarono il mattino trovarono la tavola carica di doni: scarpette, cuffiette, abitucci, balocchi per Rosa di Sole, carne, uova, farina, ogni sorta di cose buone in quantità e una grande e lucente moneta d'oro, la quale era la prima che quella povera gente vedeva. E così andò in tutti i giorni solenni, finché Rosa di Sole fu buona di lavorare.

Rosa di Sole aveva dieci anni e con quella sua maniera seria e composta pareva già una giovinetta. Pico e Mirandola, a prezzo di grandi sacrifici, l'avevano mandata a scuola e la bambina, intelligente e volonterosa, aveva imparato a leggere, scrivere, far di conto, cucire, ricamare, far calze e trine che pareva un miracolo. Lavorava fuori della porta della capanna con a lato Melina, la capretta bianca che le aveva dato il suo latte e non la lasciava mai un momento. Talora trapuntava sul telaio finissimi ricami, tal altra intesseva sul tombolo merletti così leggeri che erano una meraviglia.

Anche la regina le dava da fare ora una cosa ed ora un'altra; e quando la fanciulla andava alla corte a prendere o riportare il lavoro, la chiamava spesso alla sua presenza e non la licenziava mai senza averle fatto un regalo. Una volta le aveva detto accarezzandole i bei capelli d'oro:

– Rosa di Sole, saresti contenta di venire con me? Ti terrei come una figliola. –

Ma la piccola operaia aveva risposto con modestia:

– Rosa di Sole non lascerebbe il suo babbo e la sua mamma per tutte le reggie del mondo. –

E la regina pensò che quella fanciulla che sentiva così nobilmente era forse sangue di re.

Rosa di Sole usciva una mattina dal palazzo reale quando le si accostò una vecchierella in aspetto di mendicante la quale la salutò così:

«Buon dì Rosa di Sole, come stai?
Figlia di re tu sei,
Sposa di re diventerai,
Se sarai buona e lo meriterai!»

Ma, un po' perché la vecchia era senza denti e parlava male, un po' perché aveva detto a mezza voce, la giovanetta non intese e domandò:

– Che dite, buona donna? –

– Nulla, nulla!… Dico che piove, fa un gran freddo e io meschina sono scalza… –

Rosa di Sole le sorrise pietosa, e porgendole le monete ricevute dalla regina, le parlò così:

– Eccovi del denaro, poveretta, compratevi un paio di scarpe e anche un fazzoletto di lana per ripararvi la testa. –

Nell'andarsene la donna diceva piano:

«Gentil Rosa di Sol, lieta ten vai.
Figlia di re tu sei,
Sposa di re diventerai.
Perché sei buona e lo meriterai.»

Rosa di Sole, felice di aver potuto beneficare la vecchia mendicante, allungò il passo perché s'era fatto un po' tardi. Ma quando fu vicina a casa, le venne in pensiero che forse la mamma non sarebbe stata contenta che ella avesse dato in carità proprio tutto il denaro guadagnato in una intera giornata di lavoro; il sorriso le sparì dalle labbra e si fece mesta.

Se non che quando volle riporre il suo borsellino, lo sentì pieno. L'aperse e guardò: le monete della regina erano raddoppiate.

Un'altra volta Rosa di Sole lavorava come al solito, fuori della capanna, sotto la grande ombra di una quercia. Faceva sul tombolo un velo da testa per la regina volteggiando i fuselli con una rapidità di operaia esperta. Melina pascolava lì presso. L'incanto della primavera era intorno a lei. L'innocenza le esultava nel cuore; ed ella rispondeva al dolce e melodioso gorgheggio degli uccelli stornellando così:

«Fiori di dulcamare,
Allor che il biancospino apre i suoi fiori,
Si apron le conchiglie in fondo al mare.
O spighe bionde,
Cantano i grilli e cantan le cicale,
E cantano gli augelli su le fronde.
Fiorin di primavera,
Qual canta al sole e qual canta alla luna,
E piange il rosignolo quando è sera.
Fior d'erbe amare,
Quando fiorisce il gelsomino in terra,
Fioriscono i coralli giù nel mare.»

Attratta forse dal dolce canto, si avvicinò una vecchietta, molto somigliante a quella che aveva freddo ed era scalza il giorno che pioveva; ed aveva avuto le scarpe ed il fazzoletto di lana. Ella disse:

«*Buon dì Rosa di Sole, cosa fai?*
Figlia di re tu sei,
Sposa di re diventerai
Se sarai buona e lo meriterai.»

Rosa di Sole, causa il suono che mandavano i fuselli che faceva muovere con le mani, non udì e domandò:

– Cosa dite, buona donna? –

– Niente, niente; dico che cammino da molte ore senza aver toccato cibo: ho fame e sono stanca. –

Rosa di Sole si alzò, prese con atto gentile la mendica per mano dicendole:

– Venite, venite, poveretta, entrate con me...; sedete... Siamo poveri anche noi; ma qualche cosuccia, tanto per ristorarvi un poco, ci sarà.

Bevete questa ciotola di latte mentre vi preparo una schiacciata calda che spero vi piacerà. –

La giovinetta mise lesta sul tagliere alcune manciate di farina, tutta la farina che era nella povera madia; l'intrise con acqua; ne fece una pasta che spianò ed affinò con lo spianatoio e accese il fuoco. In breve la schiacciata fu cotta e mandò intorno un odore sano e buono.

Dopo aver mangiato ed essersi riposata la vecchia prese commiato da Rosa di Sole e posandole in lieve carezza la destra sul capo disse:

«Addio Rosa di Sol dai capei d'oro,
Onor delle fanciulle e bel decoro,
Quello che tu stasera aver vorrai.
Domani svegliandoti vedrai.»

Pico e Mirandola erano tornati dal lavoro, e, dopo cena, si erano seduti con la figliuola al lume di luna a conversare un poco prima di andare a letto. Rosa di Sole era nel mezzo: la testina bionda appoggiata ad una spalla di Mirandola, una mano fra quelle di Pico e la bianca capretta Melina coricata ai suoi piedi. Raccontava della povera vecchia mendicante che aveva tanto camminato ed era stanca ed aveva fame. Ne ripeté pure il bel saluto col bell'augurio:

«Addio Rosa di Sol da' capei d'oro,
Onor delle fanciulle e bel decoro.
Quello che tu stasera aver vorrai
Domattina svegliandoti vedrai.»

Pico rise di cuore e domandò:

– E se l'augurio dovesse riuscir vero che vorresti tu, figliuola mia bella? –

– Vorrei una casetta nuova che non minacciasse di crollare ad ogni soffiar di vento come questa capanna.

E vorrei che la casetta avesse un ovile con belle candide pecore lanute che dessero lana per fare abiti caldi a te babbo e a te mamma.

E vorrei che la casetta avesse un pollaio con un gallo dalle belle penne che mi svegliasse il mattino e delle galline di ogni colore che mi dessero uova per nonna Noemi che è vecchia e malata e non può mangiare né pane né polenta.

E vorrei che la casetta avesse un orto che voi, babbo e mamma cari, potreste lavorare senza andar lontano, lasciandomi qui sempre sola sola.

E vorrei che la casetta avesse intorno alberi grandi e folti e gli uccelletti venissero a cantare e a fare il nido, quando la primavera viene.

E vorrei anche dei fiori e dei frutti. –

– Troppo vorresti avere bimba mia bella! – interruppe Mirandola.

– La notte è venuta. Andiamo a dormire ed a sognare le dolci ricchezze della nostra piccola Rosa di Sole – disse, sempre ridendo, Pico.

Si addormentarono nel sonno sereno e tranquillo di chi ha molto lavorato e non ha peccato.

* * *

Era l'alba quando il chicchirichì di un gallo che allegro cantava vicino, svegliò Rosa di Sole.

La fanciulla saltò giù dal letto, già presaga di quanto l'attendeva. Spalancò la finestra.

A gran voce si diede a chiamare il padre e la madre perché vedessero; perché gioissero con lei.

Quei fortunati si trovarono in una bella casina nuova bene arredata di ogni cosa necessaria.

Il gallo dalle belle penne e le galline d'ogni colore cantarono e schiamazzarono, uscendo all'aperto.

Colombe candide scesero dall'alto e fecero udire il loro tubare.

Le bianche pecore lanute belarono, saltando fuori nel prato.

Due giovani mucche muggirono quando videro il sole e la fresca erba verde.

E la casetta aveva un grande campo con frumento, viti, ulivi, lino e piante da frutto tutte fiorite.

E la casetta aveva vicino un bosco con alberi grandi e folti pieni di uccelli che cantavano e facevano il nido.

E attorno alla casetta correva una doppia fila di aranci e limoni carichi di frutti e di fiori profumati.

Tutto era paradiso.

Rosa di Sole chiamò quel paradiso – Casa degli aranci. –

E una vita di gioia serena cominciò per quei felici. Il lavoro del podere riempiva le giornate di Pico. Mirandola curava gli animali e la casa. Rosa di Sole ricamava e intesseva trine, coltivava i fiori e nei giorni di riposo e di festa andava con la sua Melina a portar le uova e il latte alla vecchia Noemi e le arance e i limoni ai malati che avevano la febbre.

Così era giunta ai suoi sedici anni.

* * *

Borso, il reuccio, aveva vent'anni. Era tornato dalla corte dell'imperatore, dove aveva compiuto la sua educazione di futuro re.

Sua Madre, la regina, pel gran desiderio che sentiva sempre di avere una figliuola che le facesse compagnia, gli diceva spesso:

– Borso, accontentami, prendi moglie. –

E Borso rispondeva:

«Me l'han mostrata in sogno la mia sposa.

Gentil sorriso, d'ogni grazia pieno,
Ha sul bel viso di giglio e di rosa;
Capei di sole, occhi di ciel sereno,
Ogni beltà ella vince più famosa,
E par spirto beato e non terreno.
Nel core ha il bene e nella mente il vero.
Di ritrovarla un giorno anelo e spero.»

Ma il tempo passava, i mesi succedevano alle settimane e il giorno del ritrovamento non arrivava mai. Borso infatti pensava a tutto fuorché alla moglie. Era giovane serio, poco amante dei lieti ritrovi. Chi lo voleva era sempre nella grande biblioteca a studiare ed a discutere su problemi astrusi, o a dire cose belle coi sapienti e gli artisti che andavano alla corte. Non si mostrava quasi mai in pubblico, così che pochi erano quelli che lo conoscevano; il popolo si può dire non l'avesse mai veduto. Unico suo divertimento la caccia; soli suoi affetti il padre e la madre che idolatrava; pochi amici, il suo bellissimo cane al quale voleva un gran bene e i suoi superbi cavalli.

La regina, fissa sempre nell'idea che il figliuolo prendesse moglie, lo chiamò un giorno a sé e gli fece una proposta che Borso, tanto per non contraddire la madre, accettò. E fu che si darebbero alla corte tre grandi balli, ai due primi si inviterebbero tutte le fanciulle del popolo del regno: ricche e povere, belle e brutte. Il terzo sarebbe per le figlie dei nobili: duchi, baroni, conti, marchesi, principi e re. Borso, veduta quella gran moltitudine di ragazze, ne sceglierebbe una per farla sua sposa.

* * *

Il giorno della prima festa arrivò. L'intera capitale era in moto. Tutti erano ansiosi di vedere su quale fanciulla sarebbe caduta la scelta del reuccio e ognuno diceva la sua: chi voleva che Borso avesse preferito una bruna e forte figliola di popolo; chi avrebbe amato meglio una bionda delicata principessa.

* * *

Alla reggia ogni cosa era pronta. Lo splendore dei cento e cento doppieri; la ricchezza delle sete e dei velluti, lo sfavillare degli ori, lo scintillio dei cristalli, la bellezza e il profumo dei fiori, ovunque largamente profusi, la dolcezza delle musiche, davano l'incanto di un soggiorno

meraviglioso di fate.

Rosa di Sole si avviò alla corte con alcune compagne. Vestiva un abito semplice di mussolina azzurra sul quale aveva ricamato dei leggeri fiorellini bianchi: solo ornamento un vezzo di coralli candidi che la regina le aveva donato.

Arrivate che furono le fanciulle davanti ad una casuccia misera e cadente, Rosa di Sole pregò le compagne di aspettarla un momento: avrebbe lasciato il cestino che portava infilato al braccio e sarebbe ridiscesa subito. Ma dopo pochi minuti ricomparve a capo della scaletta dicendo:

– Nonna Noemi è molto malata. Andate voi intanto io vi seguirò più tardi. –

La povera vecchia infatti era più di là che di qua: colta da malore non aveva potuto prendere alcun cibo e moriva di sfinimento.

Un cordiale di uova e vino generoso la rianimò e la ridiede alla vita contenta di vedersi vicino la sua bella, la sua cara Rosa di Sole.

La giovanetta era intenta a preparare una minestra che doveva finire di dar forza all'inferma, quando un grosso cane, invitato forse dall'odore della carne che cuoceva, entrò con un salto nella stanzetta. Rosa di Sole ebbe per lui carezze e pane. Una voce chiamò dalla strada:

«Folco!... Folco!...»

Ma il bellissimo animale piantato davanti a Rosa di Sole, la guardava fisso, co' suoi occhioni buoni, dimenava la coda e non si muoveva. Un giovane cavaliere in ricco abito da caccia comparve sulla porta, avanzò qualche passo, e con atto d'impazienza afferrò il cane pel collare. Ma quando i suoi occhi si alzarono su Rosa di Sole, egli si rasserenò come per incanto; e con maniera gentile di gran signore, si scusò di essere entrato in quel modo.

Noemi l'invitò a restare ed a sedersi e presto si avviò un lieto conversare.

Il giovane cacciatore disse di non sapere nulla della festa che si dava alla corte, di essere forestiero e di venire di molto lontano. Volgendosi poi a Rosa di Sole le disse con un sorriso:

– E voi, leggiadra creatura d'amore, che rilucete di tanta grazia, perché non andate? –

E la fanciulla arrossendo al complimento:

– Il mio posto è qui oggi: andrò quest'altra volta. –

Il sole mandava i suoi ultimi raggi allora che Rosa di Sole ebbe finito di ammanire cibo e bevanda per la vecchia inferma e ordinare la cameruccia. Dette un bacio a nonna Noemi, le augurò una buona notte tutta di sonno e le promise che il giorno dopo sarebbe tornata a visitarla; accarezzò il cane e

salutò gentile e festosa il cavaliere. Questi l'accompagnò fin sulla via e nel lasciarla le diceva:

– Salve, fanciulla dai capei di sole,
Tu sei gentil come son rose e viole. –
Ed ella di rimando:
– E salve a te che di lontan ne vieni,
Siano i giorni tuoi sempre sereni. –

Borso non comparve alla festa che molto tardi: quando i balli erano sul finire. Al rimprovero che la madre gli fece rispose sfavillando negli occhi:

«Io l'ho veduta la mia dolce sposa!
Gentil sorriso, d'ogni grazia pieno,
Ha sul bel viso di giglio e di rosa;
Capei di sole, occhi di ciel sereno.
Ogni beltà ella vince più famosa,
E par spirto beato e non terreno.
Di bene ha fatto il cor, di ver la mente.
Tanta virtù non vide mai la gente.»

Ma la regina non si consolò; perché credette che il figlio scherzasse. E anche si domandò:

"Perché mai Rosa di Sole non è venuta?"

* * *

Si era al giorno della seconda festa, che sarebbe stata anche più splendida della prima e si sarebbe protratta molto più a lungo.

Rosa di Sole usciva dalla Casa degli Aranci: vestiva un abito bianco e attorno al suo collo era la collana di coralli candidi. Era sola. Invece della strada maestra, prese una viottola che attraversava la campagna, come faceva quasi sempre quando andava alla città.

Ad un certo punto, alla sinistra della stradetta, si apriva un burrone profondo e scosceso. Dal fondo veniva un guaito lungo e continuo. La voce di dolore fece fermare Rosa di Sole che disse fra sé:

"Ecco un povero cane che, nell'inseguire qualche animale, è caduto laggiù… Povera bestia, certo è ferita… bisogna soccorrerla…"

Guardò attorno; non vide nessuno che potesse aiutarla. Ella sapeva come si scendeva nel precipizio: nell'estate scorsa col figlio del mugnaio ne aveva tratto un agnellino.

Trovato il punto, adagio, adagio, con molta precauzione, arrivò dove giaceva e gemeva il cane.

Era Folco!... Anche l'animale riconobbe Rosa di Sole e le disse tante, tante cose con gli occhi, con la lingua, con la coda, mentre la giovinetta lo toccava qua e là per vedere dove aveva male.

La povera bestia aveva tutte e due le gambe anteriori spezzate. Rosa di Sole ristorò il cane bagnandolo con un'acqua freddissima che zampillava lì appresso e gli fasciò strette strette quelle povere zampe doloranti. Ma l'animale non poteva reggersi; e a tirarlo su, come si faceva? Era già difficile per lei sola quella salita angusta e dirupata. Si sedette in terra e mise la testa del cane sulle sue ginocchia, in attesa di qualcuno che passasse per chiamarlo in aiuto.

Ma ad un tratto le mani che posavano in dolce carezza sull'animale, le si stesero; alzò la testa; tese l'orecchio e rimase inorridita. Veniva l'acqua! In città vuotavano il gran canale che dava la forza ai mulini; si erano alzate le saracinesche e l'acqua correva impetuosa al burrone; vi si precipitava in cateratta, vi scorreva accavallandosi e schiumeggiando in breve letto e andava a perdersi in antri e caverne. Rosa di Sole lo sapeva bene: quell'acqua avrebbe continuato a correre per molte ore e per guadagnare la salita ella avrebbe dovuto entrarvi ed attraversarla. Non era profonda, ma con la potente sua forza l'avrebbe trascinata seco nell'orrida voragine.

La fanciulla col cuore che le batteva, con la voce rotta dai singulti diceva:

«Folco, Folco, lo sai che sino a domani non potremo salire e nessuno potrà venire quaggiù sino a noi? Lo sai che dovremo passare l'intera notte nel burrone? Tu avrai fame, ed io ad ogni rumore avrò paura che le serpi vengano... E il mio babbo e la mia mamma che diranno quando non mi vedranno tornare?»

Il pensiero dei genitori le strinse il cuore e scoppiò in un pianto disperato. Era la prima volta che Rosa di Sole piangeva di dolore.

Il tempo passava, sebbene dolorosamente lento. Rosa di Sole vedeva il giorno perdersi e tremava. Niente, nemmeno un soffio rompeva il silenzio di quella campagna solitaria, di quella profondità paurosa se non il rumoreggiare sinistro dell'acqua che correva, correva...

Ma ecco che Folco solleva la testa e si scuote e tenta di alzarsi in piedi... Mugola, abbaia...

Ecco lo scalpitare di un cavallo... Una voce chiama dall'alto:

«Folco! Folco, dove sei?»

Risponde Rosa di Sole che ha riconosciuto il cavaliere cacciatore:

– Folco è quaggiù con le gambe spezzate. Io son scesa per dargli aiuto e non posso più risalire, perché l'acqua viene e non si ferma. –

– Rosa di Sole, ancora tu!?... E ancora ti trovo sulla via del sacrificio!... Bella creatura d'amore, non temere. Fra poco sarai in salvo. Addio! –

Rosa di Sole sentì il cavallo allontanarsi a corsa precipitosa e il silenzio tornare; ma ebbe fiducia nel bel cavaliere e fu tranquilla e non ebbe più paura.

E vennero uomini forti con corde, travi, carrucole. Rosa di Sole e Folco furono tratti dal burrone quando ancora la notte non aveva steso la sua ombra e fatta sparire la vista delle cose.

Il giovane cavaliere adagiò con amorosa cura il cane su di un carretto e, consegnatolo e raccomandatolo ad uno staffiere, disse a Rosa di Sole:

– La notte sta per calare: permettetemi di accompagnarvi. –

E camminarono uno a fianco dell'altra senza dir parola. Il cielo scintillava di stelle, di azzurro, di bianco di luna; erano entrambi assorti nella deliziosa dolcezza mesta di quella sera bella tiepida e profumata.

Il cavaliere si trattenne a lungo alla Casa degli Aranci: sembrava non potesse staccarsi da Rosa di Sole, che nella luce candida della luna pareva:

«Uno spirito beato e non terreno»

Le disse al suo partire:

«Addio, fanciulla, dagli occhi di cielo.
Sovra il ricordo mio non stender velo.»

Ed ella di rimando:

«Addio, bel cavalier dagli occhi neri,
Quel che spera il tuo cor tosto s'avveri.»

Borso entrò nelle sale della festa molto più tardi dell'altra volta. Le danze ed i suoni erano al termine e la gente se ne andava dicendo:

«Il reuccio vuole una reginella, o almeno una principessa.»

Nel viso dolce e buono della regina si leggeva il dolore per la scortesia che il figlio aveva fatto al popolo. E Borso, abbracciandola amoroso, le diceva con voce calda e commossa:

«La vidi nella luna la mia sposa!
Gentil sorriso, d'ogni grazia pieno,
Ha sul bel viso di giglio e di rosa;
Capei di sole, occhi di ciel sereno,
Ogni beltà ella vince più famosa;
E par spirto beato e non terreno!
Bellezza se ne va, bontà sol dura.
Ed ella è fiore di virtude pura.»

La regina non si consolò, perché credette che il figlio scherzasse. Pensò anche:

"Perché mai nemmeno oggi Rosa di Sole è venuta?"

La terza festa era per gente d'alto rango: e il re volle che avesse tutta la pompa e la magnificenza che s'addicono ad un grande monarca. Chiamò pittori e scultori per ornare e decorare le sale. Anche l'imperatore mandò gli artisti della sua corte. Sulle prime veramente non si andò troppo bene; perché quei cervelli bizzarri non erano mai d'accordo: chi voleva bianco e chi voleva nero; uno faceva, l'altro disfaceva. Ma poi, quando si fu a corto di tempo, misero il capo a partito e fecero cosa che mai s'era veduta così bella.

La reggia era trasformata in un giardino incantato meraviglioso, scintillante di mille splendori.

Le sale erano già affollate di nobili, di alti ufficiali, di duchesse, marchese, principesse, regine e reginelle, quando le musiche intonarono l'inno nazionale: entravano le Sacre Corone.

Il Reuccio dava il braccio alla sua bella mamma, la regina, e tutti gli sguardi furono per lui. Nemmeno una di quelle fanciulle avrebbe rifiutato la mano di sposa al bel principe pallido dagli occhi neri e profondi.

Se non che il pensiero del reuccio era lontano. Seduto tra il padre e la madre stava muto e serio. La melanconia di che era soffuso il suo volto dava maggior risalto alla sua bellezza pensosa. La regina gli parlava, gli accennava qualche cosa; ma egli sorrideva indifferente alla madre, volgeva intorno lo sguardo distratto e subito ricadeva nell'atteggiamento annoiato di prima.

* * *

La mezzanotte è prossima. Una moltitudine di cuochi lavora nelle cucine reali a preparare la grande cena; maggiordomi e siniscalchi danno le ultime disposizioni e gli ultimi ordini nella sala del convito. Le danze si intrecciano allegre ed animate.

Una carrozza d'oro tirata da dodici superbi cavalli bianchi, seguita da cento cavalieri vestiti di seta e velluto, entra pomposamente nell'atrio della reggia.

Paggi, valletti, scudieri corrono da ogni parte e fanno ala al passar della dama e della giovanetta bionda che ne son scese.

Questa, vestita di azzurro, sfavillante di gemme, appare di una bellezza che desta la meraviglia e riempie di contento il cuore di chi la vede.

Sono appene entrate nella sala del trono che Borso riconosce Rosa di Sole. Stupore, gioia, rapimento sono nel suo sguardo. Si alza e fa per muoverle incontro; ma ella è già lì davanti a lui e leva su di lui i begli occhi di cielo.

E dice la dama con dignità di regina:

– Borso, ecco la tua sposa!... Ella è altamente degna di te. E tu, principe buono, valoroso e saggio, sei degno di lei. Amatevi e siate felici. –

Volgendosi poi al re e alla regina aggiunge:

– Rosa di Sole è l'unica figlia del grande e potente re di Calicutta. La madre, donna bellissima, ma a quel tempo dal cuore di pietra, consigliò al marito una legge crudele. Egli, debole, cedette. Il popolo pianse. Allora la Fata della Giustizia, per punirli, involò la loro figliuolina nata da poco, e la portò a vivere in una capanna di misera gente. La fanciulla solo col lavoro e con la virtù poteva farsi degna di essere un giorno regina.

Bontà e sacrificio hanno fatto il cuore di Rosa di Sole e tutto intorno a lei suona benedizione.

Sedici anni di lagrime e di buon governo hanno riabilitato i due infelici sovrani che nascosero sempre la grave sventura che li aveva colpiti.

All'apparire dell'aurora saranno qui. Fate loro onore. –

* * *

In cielo si spargevano le prime rose quando mille trombe di argento salutarono l'arrivo del re e della regina di Calicutta.

Le milizie schierate resero gli onori militari mentre le musiche suonavano a vicenda i due inni nazionali. Il corteo reale, con a capo Borso e Rosa di Sole, mosse dalla reggia.

Rosa di Sole è fra le braccia di suo padre e di sua madre e piange. E questa volta di letizia. Essi se la stringono or l'uno or l'altra al seno con una passione da parer delirio.

* * *

Alla reggia è tornata la calma. La felicità, la quale di solito non ama le dimore sontuose, pare vi sia andata ad abitare.

Il re e la regina di Calicutta sono partiti, ma per ritornare, giacché abdicheranno al trono per star sempre vicini alla bella figliola che han ritrovato.

Rosa di Sole ha per loro un grande amore ed un profondo rispetto; ma la sua tenerezza è rimasta per babbo Pico e per mamma Mirandola. Li avrebbe voluti alla corte con lei; ma quelle due anime semplici hanno desiderato di restare alla Casa degli Aranci. Quei buoni, nati e vissuti nel lavoro, non avrebbero potuto essere contenti nel fasto e nell'ozio.

Vengono ogni giorno a vedere la loro reginella e le portano la ricotta, la schiacciata dolce coll'uva ed altri cibi semplici e buoni che Rosa di Sole preferisce e che i cuochi della corte non sanno fare o sdegnano di fare.

La bianca capretta Melina pare abbia tendenze più aristocratiche poiché vive allegra e vivace nei giardini reali e nei parchi in grande amicizia con Folco.

Nonna Noemi finirà serenamente i suoi giorni alla Casa degli Aranci dove occupa la cameretta candida e luminosa della sua bella, della sua buona Rosa di Sole.

La storia è finita.
E se la fiaba vi ha divertiti,
Vogliate bene a chi l'ha raccontata.
E se invece vi ha fatto sbadigliare,
Chiudete il libro e dite: Oh che seccata!

Il mortaio d'argento

C'era una volta un uomo che al mondo possedeva tre cose ed aveva nome Tamerlano. Le tre cose erano: una piccola casa bianca e tranquilla in mezzo al verde della campagna; un orto che gli dava quello che non poteva procurarsi con la caccia e con la pesca e una bellissima figliola, Loredana, che gli riempiva di gioia la vita.

Un giorno, lavorando nell'orto, trovò un piccolo mortaio d'argento: gli parve di aver scoperto un tesoro e, raggiante e contento, lo portò a Loredana. Questa, guardatolo ben bene che l'ebbe, disse:

– Padre mio, le cose che rivedono il sole dopo aver dormito tanti e tanti anni sotto la terra nera sono sacre; vengono custodite in belle e grandi sale, entro a degli scaffali chiusi con vetri ed i sapienti ed i curiosi girano il mondo per andarle a vedere. Andate dunque dal re e portategli in dono il piccolo mortaio d'argento che ha riveduto il sole dopo aver dormito i secoli sotto la terra. Se non che:

"*Ei sarebbe assai più bello*
Se avesse il suo pestello." –

E quando Tamerlano, vestito degli abiti da festa, stava per partire, gli disse:

– Non accettate nessuna ricompensa: noi non abbiamo bisogno di nulla, siamo ricchi della nostra povertà che non ci permette desideri. –

Il re ebbe molto caro l'oggetto d'argento che aveva dormito i secoli sotto la terra nera. Un gran sapiente di corte, dopo averlo esaminato a lungo, dopo averlo girato e rigirato da ogni parte, agitando una lunga e candidissima barba, sentenziò solennemente che quell'oggetto era un mortaio! Lo giudicò un cimelio di grande valore; disse a quale epoca apparteneva; quale popolo antico lo aveva creato; a quale uso aveva servito; stava pure decifrando i disegni e i caratteri, che vi erano incisi sopra, quando il re osservò:

– Se è un mortaio, dovrebbe avere il suo pestello. –

– Anche la mia figliola ha detto questo – aggiunse timido Tamerlano. E il re con espressione incredula:

– Tua figlia ha saputo fare questa osservazione? –

– E anche meglio di Voi, Sacra Corona, perché ha detto:

"Ei sarebbe assai più bello
Se avesse il suo pestello."

– Come!? Parla in versi la tua figliola?! –

Tamerlano si sentì il cuore caldo all'immagine della figlia e, avanzandosi proprio davanti al re, cominciò:

– La mia Loredana ha avuto per madrina una fata che le ha regalato tutti i pregi e tutte le virtù. È la più bella creatura che si sia mai vista; è buona come un angelo; suona, canta e danza come una dea ed ha tanto giudizio, che se fosse regina la saprebbe più lunga anche di Voi. Insomma è la perla del vostro regno! –

Re Odofredo si sentì un po' offeso da questo panegirico paterno, tanto più che ce l'aveva un poco con le donne. Non aveva conosciuto la madre, non aveva sorelle, né altre parenti e di moglie sino allora non aveva voluto saperne. Guardando severamente Tamerlano gli disse:

– Voglio conoscere questa perla. Ma ella deve presentarsi a me né vestita, né spogliata, né a piedi, né a cavallo e nemmeno in carrozza; non deve calpestare il mio suolo e deve portarmi il cielo, il mare e la terra. Se la fanciulla non saprà fare tutto ciò, tu, invece di avere una ricompensa pel tuo dono, sarai severamente punito per la tua arroganza. –

Il povero Tamerlano fece ritorno a casa con un grande malumore. La figlia non riuscì a cavargli una parola di bocca per quanto lo tempestasse di domande. A cena non mangiò. Loredana si mise a piangere. Egli allora commosso raccontò come era andata.

La fanciulla gli si buttò al collo dicendo:

– Padre mio buono, non vi confondete per così poco. Domani andrò dal re come vuole e gli porterò tutto ciò che vuole. –

Tamerlano, che aveva una fiducia illimitata in quel miracolo di figliola, si calmò e tornò allegro come una pasqua.

Il giorno dopo, di buon mattino, Loredana si ravvolse in una fittissima e finissima rete che serviva al padre per una certa pesca e si sedette sul dorso della sua capretta, sotto i piedi della quale aveva messo delle zolle dell'orto; aveva un cesto che conteneva una rondine e delle farfalle, un pesce e delle conchiglie, una verga di metallo, un ermellino, delle ciliegie e delle rose.

Quando fu davanti al re disse:

– Re Odofredo, ecco che io sono alla tua presenza come hai voluto e con tutto ciò che hai domandato.

Non sono né vestita né spogliata poiché una semplice rete mi avvolge e mi toglie al tuo sguardo; non sono venuta né a piedi, né a cavallo, né in carrozza; poiché siedo sul dorso di una capra; non ho calpestato il tuo suolo poiché l'animale ha sotto i piedi le zolle dell'orto di mio padre. Quest'uccello e queste farfalle sono il cielo; il pesce e le conchiglie sono il mare; il metallo lucente, l'ermellino candido, le rosse ciliegie, le rose profumate sono la terra. –

E all'intorno tutto fu pieno della bellezza e del profumo di quelle cose.

E disse il re:

– Non hai ancora vinto, fanciulla; perché non ti vedo e non so se tu sei un demone, una maga o la bella Loredana. –

La giovanetta fu affidata a due donne che la ricondussero poco dopo vestita di abiti principeschi. Quanto, quanto era bella la giovane creatura bionda, fresca e pura come la rosa dell'aurora!

Il re volle che sedesse alla sua mensa. Quando rimasero soli nella penombra della grande sala, superba di velluti, di cristalli e d'oro, il re le disse con voce piana e dolcemente carezzevole:

– Bella Loredana, hai vinto! Loredana, mia signora, vuoi essere regina? –

E perché Odofredo era giovane, forte e bello, Loredana fu contenta di essere regina.

La giovane donna la sapeva veramente più lunga del re e di tutti i ministri e grandi della Corte. Venivano da lei i più saggi consigli; era lei che distingueva l'innocente e il colpevole, lei che scioglieva i quesiti più complicati.

Il re era orgoglioso del grande ingegno della moglie; ma nello stesso tempo qualche volta avrebbe desiderato fosse stato suo quel giudizio, averlo

dato lui quell'avvertimento, averla risolta lui quella causa imbrogliata; e sentiva un poco di dispetto. Ma poi si dava pace e non ci pensava più; abbracciava la moglie e si sentiva felice perché Loredana non era superba della sua sapienza: era semplice e buona e conservava l'ingenuo e soave fascino dei suoi diciotto anni. Ella sapeva sempre consolare quelli che soffrivano e provvedere a quelli che avevano bisogno. Quando la giovanetta regina usciva in carrozza col re, il popolo correva a vederla e aveva per lei ammirazione e benedizioni.

* * *

Si avvicinava l'inverno e alla Corte si facevano le provviste della legna per accendere i grandi camini di quelle vastissime sale. Un giorno vennero due carri pesanti. Uno era tirato da due alte e forti cavalle, l'altro da due mucche, una delle quali aveva un vitellino candido come il latte e col musetto roseo come una pesca matura. Mentre scaricavano la legna, la bestiola saltellava graziosa di qua e di là e finì col mettersi vicino ad una delle cavalle; le faceva ogni sorta di scherzi e quella pareva se ne compiacesse.

I carri erano vuoti, il combustibile era riposto; si partiva.

Il conduttore delle mucche andò per prendere il vitellino; ma il padrone dell'altro carro si oppose dicendo che era il suo e, a prova di tale affermazione, mostrava il vitellino scherzante con la cavalla.

Si ricorse al re, il quale infastidito da tutto quel vociare villano, non si curò di vedere ben chiaro nella cosa e sentenziò che la madre del giovane animale era la cavalla.

Il povero contadino non poteva darsi pace di quella sentenza, anche più assurda che ingiusta, e più poi di aver perduto il suo vitellino sul quale aveva fatto tanti bei progetti.

Dopo alcuni giorni si presentò alla regina per avere giustizia da lei. Ma Loredana gli disse:

– Io non ci posso far nulla, buon uomo, perché parola di re non torna indietro; ma vi insegnerò un modo, tanto perché il re torni sull'affare e ci ripensi. Domani verrà a caccia al lago dei Germani: voi vi farete trovare a batter l'acqua, così come se lavoraste la terra; e quando egli vi chiederà spiegazioni di quel fare, gli risponderete che volete seminare del grano e che più facilmente nascerà il grano dall'acqua che non un vitello da una cavalla. –

Già da un pezzo il contadino era al lago dei Germani, quando finalmente

sentì i corni suonare e l'avvicinarsi della cavalcata reale. Prese la vanga e cominciò con gran forza a batter l'acqua, così come faceva quando lavorava la terra.

Veduta quella fatica il re gli domandò:

– Che significa questo tuo dare della vanga nell'acqua? –

– Sacra Corona, ho poca terra; quello che raccolgo non basta a mantenere la mia famiglia che è numerosa assai e voglio provare a seminar grano nel lago. –

– Grullo – gli disse il re – quando s'è mai visto l'acqua produrre il grano? –

– Sacra Corona, siamo al tempo delle meraviglie, e se un vitello può nascere da una cavalla, anche il grano può nascere dall'acqua. –

– Mascalzone! – esclamò con impeto di collera il re, – ti farei immediatamente impiccare ad uno di quegli alberi, se credessi che questa è farina del tuo sacco. Ma so bene chi ti ha data l'imbeccata! –

Re Odofredo non volle più sapere di caccia, di germani, di lepri e ordinò il ritorno alla reggia.

Loredana, appena lo vide entrare, corse ad incontrarlo festosa e carezzevole; ma egli la respinse quasi in malo modo. Quando tutti se ne furono andati le disse severo:

– Voi non mi amate Loredana. Voi mi avete fatto umiliare da un miserabile ignorante contadino. Son dunque le ricchezze, gli onori, lo splendore del trono che voi amate e non me. Non voglio più saperne di voi! Entro tre giorni avrete lasciata la reggia per sempre! Prenderete tutto ciò che vorrete, tutto ciò che amate…; potrete vuotare casse e forzieri… Godrete così altrove la vostra felicità! –

A quelle parole così duramente crudeli, Loredana ruppe in un pianto di disperato dolore, ma il re non si commosse. Uscì con due dei suoi cavalieri e non tornò che la sera dopo.

Mentre Odofredo saliva le ampie scale della reggia, pensava che forse Loredana se ne era già andata e con lei molta dovizia. Ma nulla era mutato: tutto era intatto: un capo di biancheria od altro non era stato tolto dal ricchissimo guardaroba, non una moneta era uscita dai forzieri, non una gemma mancava al tesoro.

"Che vuol dir questo?" si chiese "Forse che Loredana non voglia andarsene?… Andrà! Andrà!… Parola di re non torna indietro!"

A cena la regina fu graziosa come sempre, come se nulla fosse accaduto, ma il re non la degnò di uno sguardo.

La seconda sera re Odofredo rincasò mesto e malinconico. Non avrebbe riveduta la bella Loredana. Se non che ancora una volta seppe che nulla era mutato, che tutto era intatto: dai guardaroba nulla era uscito, dai forzieri non si era tolta una moneta, al tesoro non mancava una gemma.

"Che vuol dire tutto ciò? Forse che Loredana non vuole andarsene?..."

E sospirò pensando: "Veramente parola di re non potrebbe tornare indietro!... Andrà domani, l'ultimo giorno."

A cena la regina fu amabile come sempre, come se nulla fosse accaduto e il re ebbe qualche lieve sorriso per lei.

Era l'ultima sera. Re Odofredo saliva adagio adagio le scale della reggia e sospirava. Nessuno era con lui: egli aveva voluto essere solo. Sentiva nel cuore un dolore pesante, sentiva tutta la sua anima immersa in qualche cosa di penoso, come un rimorso acuto. Non avrebbe mai più riveduta la sua bella, la sua buona Loredana!...

Fu grande il suo contento che sapeva di speranza, quando vide che nulla era mutato, che tutto era intatto: non un oggetto era stato tolto dai guardaroba, non una moneta era uscita dai forzieri, non una perla mancava al tesoro. Anche il piccolo mortaio d'argento, origine della sua felicità perduta, era là al suo posto. Il re lo guardò lungamente, sospirò e si disse: "Veramente un re può fare quello che vuole!..."

Una porta si aperse. Loredana veniva ad incontrarlo. Gli abiti di lei non erano più di regina: vestiva una tunica semplice di lana bianca senza gemme; attorno al suo collo non scintillavano più i brillanti; i superbi capelli biondi, che non avevano più perle, le scendevano lunghi e ondeggianti sulle spalle. Solo un mazzo di rose candide le olezzava alla cintola. Era divinamente bella così! Leggera e sorridente si avvicinò al re che, ebbro di gioia, la guardava e non si muoveva; gli prese una mano, lo guardò negli occhi con uno sguardo pieno di affetto e gli disse:

– Re Odofredo, mio sposo, la nostra ultima sera è venuta. Ho voluto che la nostra ultima cena fosse una festa intima: ho voluto che fossimo soli, soli noi due. Siete contento? –

Il re non rispose. Si lasciò condurre nella sala che li accoglieva a mensa per l'ultima volta.

Loredana fu più amabile del solito, come se nulla fosse accaduto.

* * *

Il re aveva già molto mangiato, già molto bevuto quando ella gli riempì il bicchiere di un certo liquore dicendo:

– Inneggiamo alla nostra felicità passata ed invochiamo l'oblio pei giorni

tristi che verranno. –

Il re bevette d'un fiato sino in fondo; essa no: non bevette nemmeno una stilla.

Re Odofredo per tutta la sera aveva aspettato, desiderato, anelato da lei una parola di conciliazione; ma quella parola non era venuta.

Ora lui stesso era pronto a dirla, e la cercava... e la trovava... e se la vedeva saltellante davanti agli occhi; ma le labbra non potevano afferrarla, non potevano pronunciarla... Un torpore pesante lo prendeva in tutte le membra..., gli occhi si chiudevano... Abbandonò la testa sui cuscini del divano sul quale sedeva e col nome di Loredana sulle labbra cadde in letargo, da cui per molte ore nessuna cosa avrebbe potuto toglierlo.

Ad un comando della regina quattro uomini entrarono silenziosi. Sollevarono il re e cauti lo misero in una lettiga nella quale entrò anche Loredana.

Uscirono dalla reggia. Tutti dormivano; anche le sentinelle dormivano.

* * *

Re Odofredo si svegliò nel biancore di una cameretta poveramente semplice; una dolce penombra era intorno; le tende della finestra si muovevano leggere come un soffio alla brezza marina; nell'aria mattutina una melodia d'uccelli e un lieve odore di acacia e di biancospino in fiore. Loredana, ancora nel suo abito di candida lana con le rose olezzanti, filava accanto al letto guardando lo sposo dormire. Pareva che lo spirito della pace aleggiasse là dentro.

Re Odofredo girò intorno lo sguardo e balzò in piedi esclamando:
– Loredana, dove siamo? Che è avvenuto? –

Ella gli prese una mano fra le sue, vi posò un bacio e, guardandolo amorosa negli occhi, gli diceva:

– Re Odofredo, mio sposo, perdonami! Mai volli recarti offesa!... Ti ho nullamente ubbidito. Mi ordinasti di lasciare la tua reggia per sempre e all'ultima ora la lasciai. Mi concedesti di portar meco tutto ciò che volevo, tutto ciò che amavo. E io presi te, Odofredo, che sei la sola mia ricchezza, l'unico mio tesoro, tutto il mio amore! E ti ho portato qui nella mia piccola casa bianca davanti al mare, tranquilla in mezzo al verde della campagna, nella quale nacqui e dove vissi povera e felice. –

E Odofredo, abbracciandola commosso, le diceva a sua volta:
– Loredana, mia sposa Loredana, ancora una volta hai vinto! Mia dolce Loredana, tu vali davvero più di me e sono orgoglioso di dirtelo! –

***

Mentre stavano per ritornare alla capitale, Tamerlano venne allegro a mostrare un pestellino d'argento che aveva trovato lavorando la terra dell'orto.

Così il mortaio che aveva riveduto il sole dopo aver dormito i secoli sotto la terra nera, era ora completo.

Anche la felicità di Odofredo e di Loredana sarebbe stata intera; nessuna nube sorgerebbe mai più ad offuscarla.

E si fece gran convito
    Con re dame e cavalieri:
    Vi danzaron belle e fanti
    Alla luce dei doppieri.
Re Odofredo e Loredana
    Eran sopra un trono d'or.
    Lor dicevan tutti quanti:
    Dio vi salvi al nostro amor!
E reucci e reginelle
    Crescan tosto intorno a voi!
    Saran queste bionde e belle,
    Forti quelli e grandi eroi.
Re Odofredo e Loredana
    Sovra il trono tutto d'or,
    Sorridevano contenti
    Del lor popolo all'amor.

I tre consigli

C'era una volta un uomo che faceva il falegname. In paese tutti lo chiamavano Musone perché non se la diceva con nessuno e lavorava, dalla mattina alla tarda sera, sempre silenzioso nella sua bottega.

Sua moglie ebbe un figlio: un bel bambino biondo, roseo e paffuto come un amore. Ma il piccino spesso piangeva e allora Musone, che pure gli voleva un gran bene, andava sulle furie. Un giorno la piccola creatura si mise a strillare forte forte, e per quanto la sua mammina facesse per chetarlo, non c'era verso di farlo tacere. Musone cominciò a gettare in aria pialle, seghe, succhielli, lime, martelli, tutto ciò che gli veniva alle mani; quando la sua collera fu al colmo, prese il cappello e uscì urlando contro la moglie e contro tutti i bambini dell'universo.

Si mise a camminare, a camminare senza sapere dove andava,... finché la sera lo sorprese.

Quanta strada aveva percorso? Non lo sapeva nemmeno lui; se non che capì che arrivare a casa prima della notte nera era impossibile. Mangiò un pezzo di pane che aveva in tasca e si addormentò sotto un albero.

Il canto di un merlo lo svegliò al mattino: aperse gli occhi e vide su un ramo della quercia che gli aveva dato asilo il bell'uccello nero dal becco giallo che lo guardava fiso con gli occhietti scintillanti.

Musone gli disse:

– Bel merlo, insegnami la strada della pace; io voglio andare pel mondo, in cerca di un paese dove le donne non chiacchierano e i bambini non piangono. –

Il merlo spiccò il volo: e Musone dietro. Attraversarono molte terre, si fermarono in molti paesi; Musone non trovava mai un luogo che gli piacesse: ovunque bambini che scorazzavano per le strade urlando, ovunque donne che ciarlavano e litigavano, ovunque confusione e rumore.

Finalmente una mattina si fermarono ad una casetta bianca, solitaria in mezzo ad una campagna. Grandi alberi la proteggevano con la loro ombra. Là tutto era silenzio e pace. Era la dimora di un filosofo sapiente che passava i giorni e le notti studiando su dei pesanti libroni.

"Ecco la casa per me!" disse Musone e pregò il filosofo di accettarlo come suo servitore. L'uomo studioso acconsentì, ma a condizione che non avesse mai parlato. Era proprio quello che Musone voleva. Ringraziò il merlo, lo salutò con affetto e con rimpianto e cominciò subito a pulire la casa che era davvero molto polverosa.

Il filosofo era un grande sapiente: da ogni parte del mondo, principi, re ed alti personaggi venivano per domandargli dei consigli. Ogni consiglio costava cento scudi d'oro. "Il sapere è più prezioso dell'oro" soleva dire quel profondo filosofo ed aveva forse ragione.

L'uomo sapiente e il servitore fedele erano sempre andati d'accordo: nessuno dei due aveva mai detto una parola di più dello stretto necessario. Il filosofo studiava sui grandi libri pesanti, guardava il cielo stellato, il mare, gli animali, le piante, le pietre; scriveva e taceva. Musone lavorava dalla mattina alla sera nella casa e nell'orto e taceva. E in questa maniera erano ormai passati vent'anni.

* * *

La bella primavera era venuta coi suoi tepori a risvegliare la natura. Il sole splendeva, i campi rinverdivano, gli alberi fiorivano, gli uccelli cantavano, tutto era gioia. Nel cuore di Musone si ridestò il sentimento della famiglia. Riandò con la memoria a ricordi che lo commossero. Ripensò al suo bambino che gli parve sempre piccino, roseo e biondo. Ripensò alla moglie giovane e bella; e allora un dubbio lo riempì di dolorosa inquietudine. Forse ella, stanca di aspettarlo o anche credendolo morto, aveva sposato un altro uomo… Questo dubbio gli tormentava l'anima e non gli dava pace.

Risolse di andare a vedere come realmente stavano le cose.

Chiese licenza al filosofo che non fu né sorpreso, né addolorato perché i filosofi non si meravigliano mai e non si addolorano mai.

Musone ebbe trecento scudi d'oro che erano i suoi risparmi di tutto quel tempo e si preparò ad andarsene.

Quei due uomini, che avevano vissuto insieme per vent'anni senza mai dirsi una parola, al momento di separarsi, forse per sempre, sentirono che si volevano bene e si abbracciarono col cuore stretto.

Musone aveva già fatto molto cammino quando pensò:

"Sono pure la gran bestia! Dalle parti più lontane del mondo principi, re ed alti personaggi vengono dal mio padrone per avere consigli; ed io esco dalla sua casa dopo vent'anni senza averne avuto nemmeno uno!"

Tornò indietro e si presentò al filosofo sapiente che l'accolse con un sorriso benevolo.

– Padrone, datemi un consiglio! –
– Tu sai il prezzo dei miei consigli. –
– Ecco i cento scudi d'oro. –

"Chi cambia la via vecchia con la nuova,
Sa quel che lascia e non sa quel che trova.
E molto spesso pentito si trova".

Musone si rimise a camminare. Quando fu arrivato al punto di prima pensò: "Un consiglio solo è troppo poco; nel voglio un altro." E tornò indietro.

Il filosofo sapiente l'accolse con un sorriso anche più benevolo della prima volta.

– Padrone, datemi un altro consiglio! –
– «Tu sai il prezzo dei miei consigli. –
– Ecco i cento scudi d'oro. –

"Ode, il saggio, vede e tace.
Sol così si vive in pace".

Musone si rimise a camminare. Quando fu al punto di prima, pensò: "Due non va senza tre: voglio un altro consiglio." E tornò indietro.

Questa volta il filosofo sapiente l'accolse con festa.

– Padrone, datemi un altro consiglio! –
– Tu sai il prezzo dei miei consigli. –

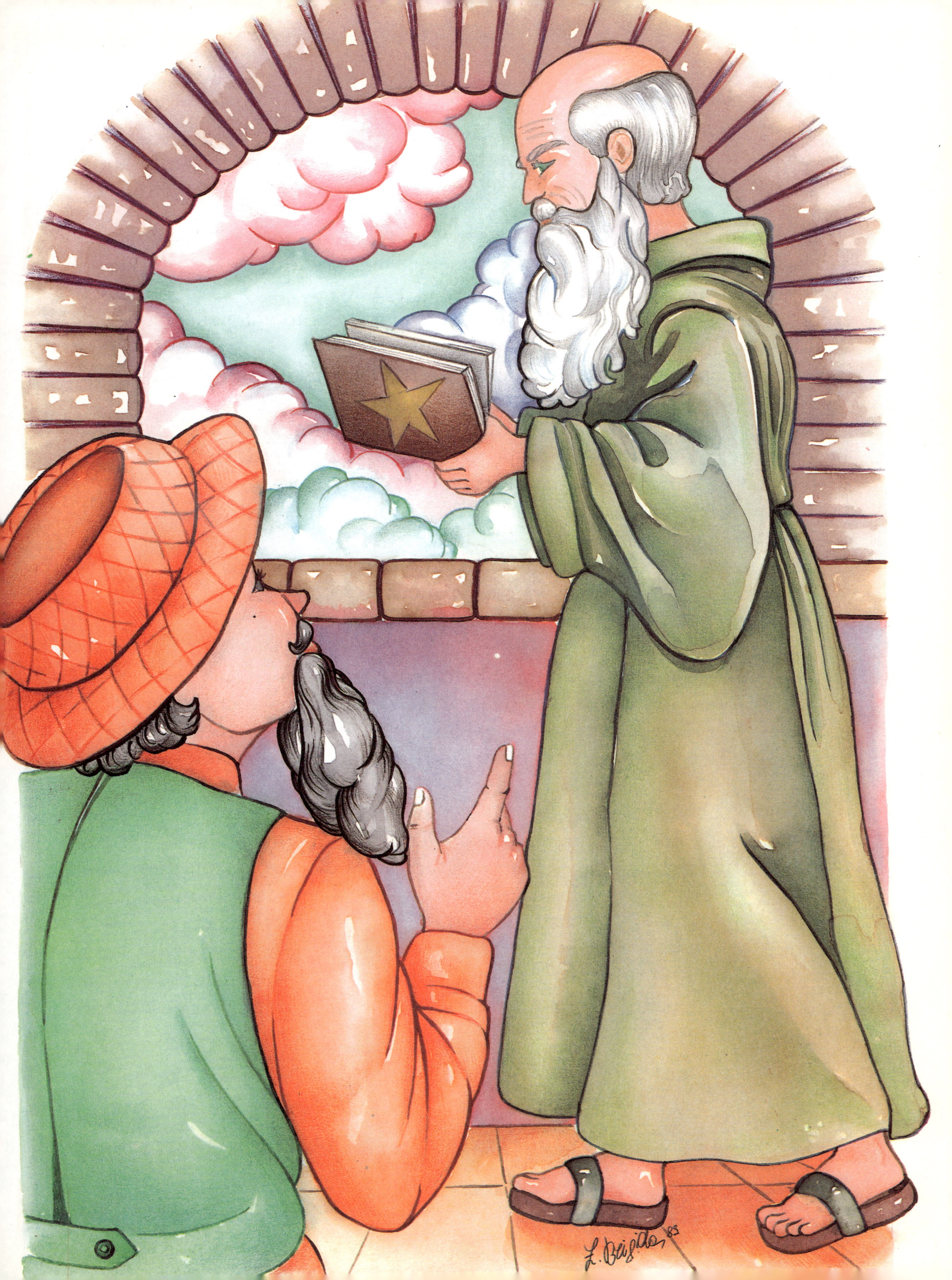

– Ecco i cento scudi d'oro. –

*"Aspetta il giorno dopo per sfogare
La collera che il cor ti fa avvampare".*

Ciò detto, il vecchio studioso dette a Musone una borsa che conteneva i trecento scudi d'oro che il servitore fedele aveva dato in cambio dei tre consigli, più altri trecento scudi d'oro di regalo.

I due quest'ultima volta si abbracciarono col pianto alla gola e con vera effusione d'affetto.

Musone era ricco di sapere e di denaro, si sentiva contento e riprese il cammino così lesto che pareva volasse.

Trovò un pellegrino che faceva la sua medesima strada e si misero insieme per farsi compagnia. Dopo aver percorso un bel tratto di cammino, arrivarono ad una viottola che attraversava un bosco.

– Io prendo questa scorciatoia, – disse il viandante – risparmio un'ora di tempo. Vieni meco anche tu! –

Musone si ricordò del primo consiglio del filosofo sapiente:

*"Chi cambia la via vecchia con la nuova
Sa quel che lascia e non sa quel che trova.
E molto spesso pentito si trova."*

E rifiutò, seguitando la strada lunga per dove passavano tutti.

Quand'ecco di lontano sentì delle grida, come di una voce che invocava soccorso. Era il povero, incauto pellegrino che aveva incontrato i briganti. Per risparmiare un'ora di cammino il disgraziato aveva perduto ogni suo avere e forse anche la vita.

Musone ebbe un senso di viva riconoscenza per il vecchio sapiente.

Quando fu notte, Musone bussò alla porta di una grande casa per chiedere ospitalità. Fu accolto con molta cortesia e ammesso alla tavola del padrone. Questi entrò conducendo una bellissima signora bionda, riccamente vestita e legata stretta da catene. La fece sedere accanto a lui, usandole ogni gentilezza e servendola dei migliori cibi. Musone sentiva una grande curiosità, fu sul punto di domandar spiegazione sul mistero di quella donna bella, silenziosa e prigioniera, ma si sovvenne in tempo del secondo consiglio del filosofo sapiente:

*"Ode il saggio, vede e tace.
Sol così si vive in pace."*

E tacque.

Dormì profondamente in un letto candido e soffice e il mattino, prima di

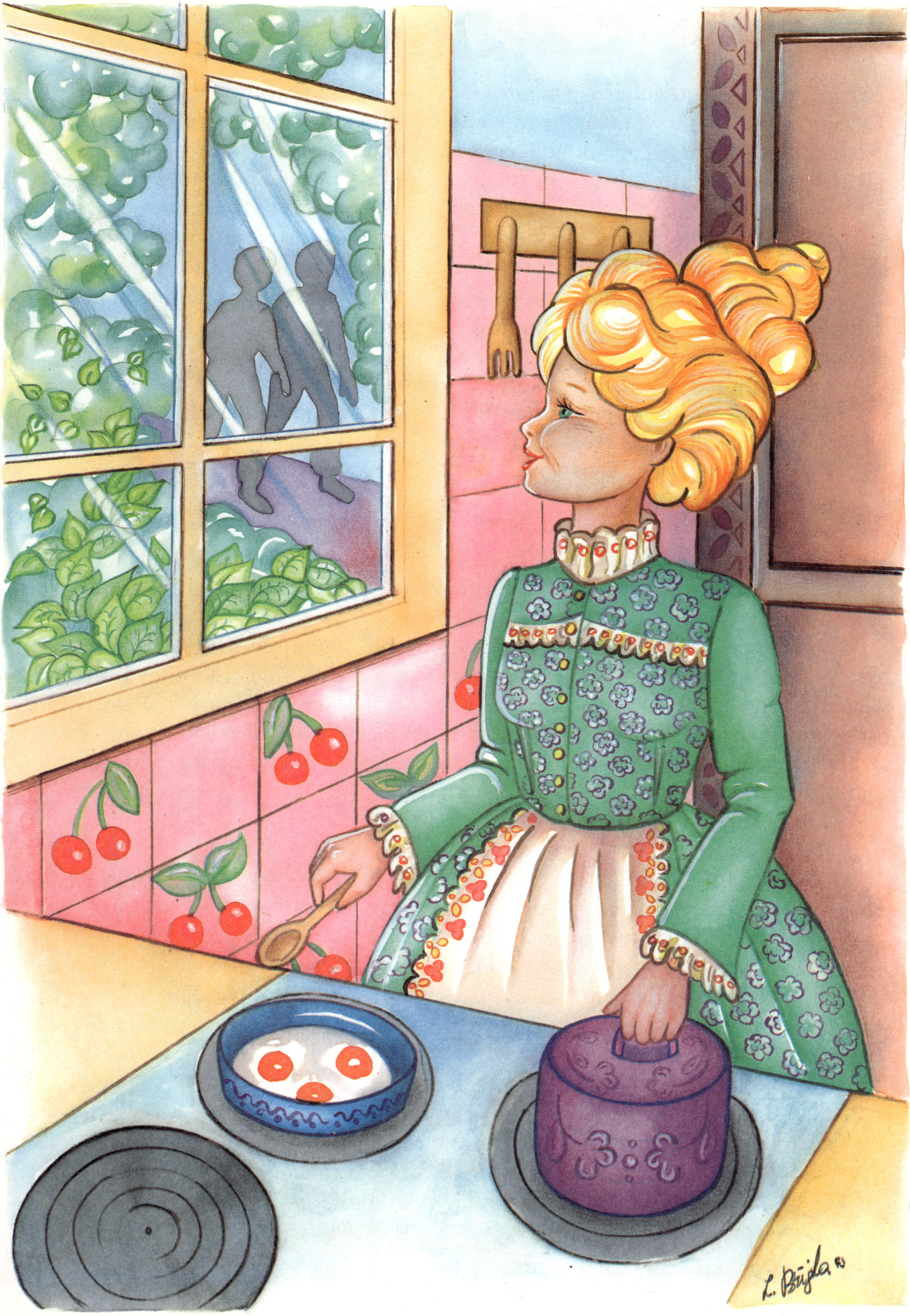

partire, cercò il suo generoso ospite per dirgli la sua gratitudine e salutarlo. Questi appunto gli veniva incontro e l'invitò a seguirlo. Scesero scale; passarono corridoi oscuri, dove i passi davano un suono di pauroso mistero; si trovarono davanti ad una porta bassa tutta ferrata. Il signore aperse.

Musone ebbe a cader morto dallo spavento. Le pareti di quella specie di carcere erano interamente coperte di persone morte: giovani, vecchi, donne, erano là stecchiti e neri. Musone guardava esterefatto e muto.

– Sappi che questi cadaveri son di persone che sedettero alla mia mensa e vollero conoscere il segreto di quella donna. Ecco il loro castigo. Tu solo non sei stato curioso, tu solo hai saputo tacere. So che a nessuno tu dirai ciò che hai veduto e sei libero. Addio e buona fortuna. –

Musone si rimise in viaggio pensoso e col cuore pieno di gratitudine per il filosofo sapiente.

* * *

Eccolo finalmente al paese dove era nato. Il dubbio che sua moglie avesse sposato un altro uomo lo tormentava sempre. Prima di incontrarsi con lei volle sapere sicuramente come stavano le cose.

Dopo vent'anni nessuno certo l'avrebbe più riconosciuto. Entrò in una osteria che era di faccia alla sua abitazione. Da una finestra vedeva nella camera della moglie. Ma passavano le ore e nessuno compariva. Provava una impazienza viva di entrare nella sua casa, di abbracciare quelli che erano la sua famiglia, allorché nella luce incerta del tramonto vide due ombre venire. Una donna parlava affannosa con un uomo; pareva piangesse; l'uomo si chinava su lei, le pigliava la testa fra le mani e la baciava sui capelli. Dunque era vero: sua moglie era la moglie di un altro! Ebbe a morire di dolore e di collera. Prese un'arma e la caricò; ma, mentre mirava, si ricordò del terzo consiglio del filosofo sapiente:

"Aspetta il dì seguente per sfogare
La collera che il cor ti fa avvampare."

Depose l'arma. Si gettò sul letto in preda alla più viva agitazione e, quando finalmente si addormentò, il suo sonno breve fu turbato da sogni paurosi.

Era appena spuntato il mattino quando Musone, pagando all'oste il suo conto, così alla larga portò il discorso su quelli della piccola casa dirimpetto.

L'oste quel giorno era in parlantina e cominciò a dire:

– Quella è la casa della sventura. E la povera donna è un miracolo. Figuratevi che vent'anni or sono il marito le andò via, senza dirle né ai né bai e non se ne è saputo più nulla.

È tanto bella e buona e brava che molti di qui e anche di fuori avrebbero voluto sposarla. Ma ella no; dura come un macigno. Aspetta ancora quel vagabondo traditore che l'ha abbandonata con un piccino di pochi mesi. Ed ora che il marmocchio s'è fatto il più bel giovane del paese, s'è messo in testa di andare pel mondo in cerca del padre. Proprio oggi vuol partire e quella poveretta piange come una vite tagliata... –

L'oste parlava ancora che Musone saliva volando la scala della sua casetta.

* * *

Ora quei tre sono felici. Guardateli: Musone e il figlio lavorano allegri nella bottega; la donna canta nella cucina piena di sole mentre prepara il desinare fumante e buono.

Il diamante meraviglioso

C'era una volta un re; ma badate, non un re di corona di quelli che ammantati di velluto e oro seggono sui troni e comandano a popoli più o meno numerosi. Era re perché le molte centinaia di uomini che lavoravano nella sua miniera lo chiamavano così, tanto lo tenevano in considerazione e gli volevano bene.

Egli aveva ereditato dal padre un'immensa fortuna e, invece di darsi bel tempo come gli altri giovani suoi pari, era andato a girare il mondo per vedere quale fosse il modo migliore di impiegare le sue sterminate ricchezze. Aveva già percorso molti paesi e aveva conosciuto gran numero di popoli, quando capitò in un luogo dove scoperse una miniera di carbone. Chiamò gl'ingegneri più celebri e fece venire i migliori tecnici. Una gran parte del suo capitale fu impiegata nei lavori di impianto e nell'acquisto delle macchine.

In breve tempo la miniera dette lavoro ed agiatezza ad un intero paese che prima era vittima della miseria. Il suo nome era Guinizello, ma non fu più chiamato che Re Benedetto.

Re Benedetto amava la sua miniera: la miniera era il suo mondo. Nelle feste, quando gli operai ne erano usciti per godere con le famiglie un giorno di luce e di riposo, egli vi scendeva. Era felice nella sua città nera, dove tanto splendore e tanto calore di sole erano sepolti. Egli preferiva quelle lunghe, anguste, tenebrose gallerie alle superbe e lucenti sale dei palazzi più sontuosi. Là egli studiava sempre nuovi miglioramenti, nuovi ingrandimenti.

Una volta era da poco entrato nella miniera quando, al lume della lanterna, vide in terra un pezzo di carbone, sfuggito forse a qualche carrello. Con un piede lo lanciò lontano e quello, urtando contro la parete della galleria, si spezzò. Ne uscì un risplendente e grosso cristallo. Re Benedetto stupito lo raccolse. Era un diamante della più bell'acqua, grande come un grossissimo uovo; era una gemma ben strana: dava al tatto un senso di tepore; nel centro brillava un globetto azzurro come di zaffiro ed era attraversato da finissimi fili d'oro che parevano capelli; dal suo interno faceva udire un lieve battito come quello di un piccolo cuore.

Re Benedetto fu preso da gran turbamento e per quel giorno rinunziò alla passeggiata nella città nera; assicurò il diamante in una tasca interna dell'abito e risalì.

Mentre si avviava verso casa, incontrò una vecchia orribile di bruttezza: dava ribrezzo a guardarla. Era certo la strega che i minatori dicevano di aver veduto spesse volte aggirarsi nei dintorni della miniera. Ella gli si fermò davanti e gli disse:

– Guinizello, dammi il pezzo di vetro che hai trovato laggiù. –

– Tu menti! Non è un pezzo di vetro; è un prezioso diamante. Non te lo darò. –

– Guinizello, il diamante è mio! Lo voglio! Io stessa lo nascosi in seno alla terra. –

– Lasciami vecchia! L'ho trovato nella miniera e appartiene a me. –

– Guinizello, la gemma ti porterà sventura… Sappi che la raccolsi nelle sabbie del sacro Eufrate che da secoli e secoli l'aveva travolta dal Paradiso Terrestre. –

– Vattene, vecchia! Mai, né per preghiera, né per minaccia, ti cederò lo strano cristallo. –

La strega si allontanò urlando bestemmie e maledizioni.

Re Benedetto passò il resto della giornata a passeggiare nel parco solitario del castello. Aveva in mano la gemma, la guardava, la studiava e pensava; pensava tante cose.

Venuta la notte, si ritirò nella sua camera e si coricò col diamante sotto il guanciale. Seguitò un pezzo a fare induzioni e ad almanaccare e poi finì con l'addormentarsi.

Suonavano i rintocchi della mezzanotte quando un fruscio di seta lo svegliò. Ritta presso il suo letto era una bellissima fanciulla che sorridente lo guardava con grandi occhi di cupo turchino. L'aria che entrava da una finestra semiaperta ne faceva ondeggiare la lunga capigliatura d'oro e ne portava alcune ciocche a sfiorare leggere il volto di lui. La meravigliosa creatura vestiva un lungo abito di seta azzurra e aveva al collo un vezzo di grossi brillanti che nella fioca luce della camera sfavillavano iridescenti.

Re Benedetto non si raccapezzava. Era un sogno? Era allucinazione? Era realtà? Dopo avere per qualche istante contemplato come in estasi quella mirabile visione, fece per prendere una mano della giovinetta; ma questa al suo tocco improvvisamente sparì. Egli, quasi a consolare il suo rammarico, prese il diamante, ne sentì il tepore, ne ascoltò il battito lieve e se lo pose sul cuore. Così si riaddormentò.

La mattina seguente, pallido di emozione, si avviava alla miniera per vedere, come di consueto, l'entrata dei minatori; ed ecco che in un viale ombroso e solitario gli appare davanti la brutta megera. Sbarrandogli il passo ella gli dice:

– Guinizello, se tu mi cederai il diamante, io ti darò tanto oro cento volte quanto pesa. –

– Lasciami, vecchia! Non te lo darò mai! mai! –

– Trecento volte tanto oro quanto pesa! –

– Vattene! Vattene! Non te lo cederò a nessun prezzo! –

– Mille volte tanto oro quanto pesa! Quanto oro! Quanto oro! Pensaci Guinizello! Pensaci Re Benedetto! –

– Vattene, maledetta! Non te lo cederò, avessi tu a darmi tutto l'oro che il mondo possiede e anche quello che la terra e il mare nascondono ancora nelle loro profondità. Mai, mai te lo darò! –

La strega se ne andò bestemmiando e maledicendo.

Quel giorno i minatori osservarono che Re Benedetto non era del solito lieto umore: era taciturno e distratto; pareva che nemmeno si accorgesse di quanto accadeva intorno a lui.

La sera non si coricò: volle vegliare e vedere che cosa sarebbe accaduto. Quanti pensieri passavano nella sua mente mentre fissava il diamante meraviglioso che gli abbagliava gli occhi col suo scintillio di fuoco!

Il prodigio si operò ancora: mentre la mezzanotte suonava, ecco sparire dal centro della gemma il nucleo azzurro, ecco sparire i fili d'oro che parevan capelli; il battito lieve come di un piccolo cuore tace; un fruscio di seta si fa udire e la mirabile visione si ripete. La giovinetta è lì davanti a lui avvolta nel lungo abito di seta color di cielo, ornata della collana di brillanti

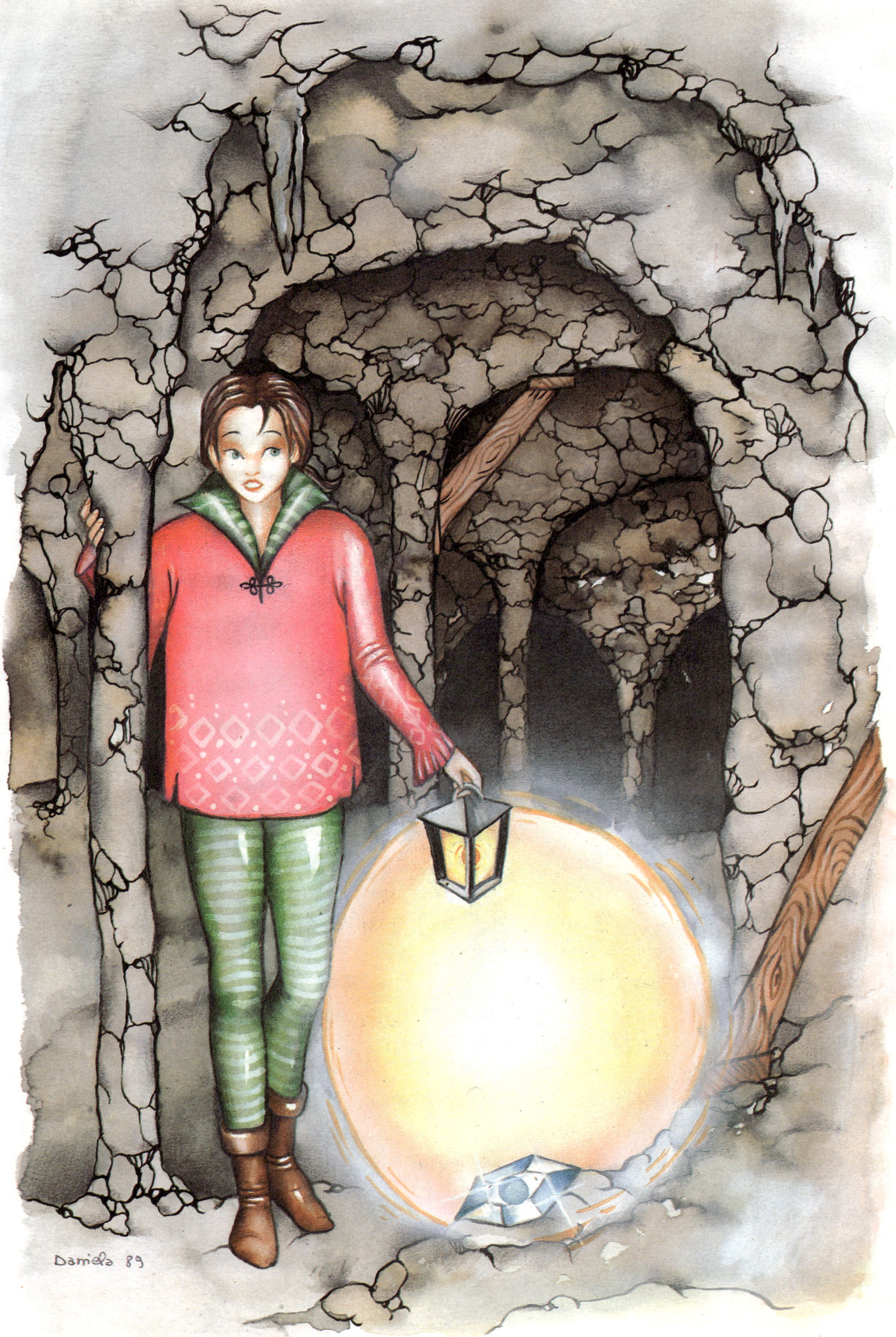
Daniela 89

che irraggiano iridescenti; ondeggiano luminosi i suoi capelli biondi e sorride.

Re Benedetto rimane estatico e non ha parole; si alza e tende le braccia verso la fanciulla, vuole prenderle una mano; ma al suo tocco ella sparisce.

Nell'istante medesimo il globetto azzurro riapparve nel diamante, tornarono i fili d'oro a brillare e si riudirono i battiti del piccolo cuore.

Re Benedetto, come illuminato da idea improvvisa, esclamò:

"Qualche incantesimo ha racchiuso un'anima nella gemma. È l'anima della fanciulla che mi è apparsa due volte! Torna, torna creatura di paradiso; non ti toccherò più; solo ti interrogherò e tu mi dirai il misterioso tuo segreto."

Pensò anche che la vecchia maga doveva saperne qualche cosa e sperò d'incontrarla di nuovo.

Infatti la mattina dopo, mentre andava alla miniera, nel viale ombroso e solitario se la vide davanti orrida di bruttezza. Con voce cavernosa gli disse:

– Re Benedetto, poiché l'oro non ti seduce, in cambio del diamante ti darò questo grosso rubino: gemma più bella non fu mai veduta. Essa pure è sacra: la raccolsi nel Tigri odorante di loto che da secoli l'aveva travolta dal Paradiso Terrestre. Forse allietò gli occhi di Eva e ne ebbe il sorriso. –

Rispose Guinizello:

– Il diamante sarà tuo. Ma te lo darò solo ad un patto: che tu prima me ne sveli il segreto; che tu prima liberi l'anima che vi è racchiusa. –

Invece di rispondere, la megera gettò un urlo di rabbia, fece un gesto di minaccia e scomparve.

Appena fu notte e le stelle apparvero in cielo, Re Benedetto si chiuse nella sua camera. Seduto davanti ad una tavola, con la testa fra le mani convulse, contemplava il diamante che pareva mandasse una luce anche più sfolgorante. Egli si torturava tra la speranza di rivedere la fanciulla e il timore che ella non avesse mai più a venire.

Come passavan lente le ore!

Finalmente suonò il primo rintocco della mezzanotte; ed ecco dall'interno della gemma scompare il nucleo azzurro, non si vedono più i fili d'oro come capelli, non si ode più il battito lieve come di un piccolo cuore... All'ultimo rintocco Re Benedetto ode il fruscio della seta e vede viva, bella, palpitante la giovanetta dai capelli d'oro e dagli occhi di azzurro cupo come il cielo della notte. La collana di brillanti le illuminava il collo e l'angelica testa, l'abito ricchissimo le scendevano davanti sino ai piedi e dietro le si stendeva in lungo strascico.

Re Benedetto era rapito come in estasi e, solo quando ella mosse un passo verso di lui sorridendo di un sorriso divino, si scosse e disse:

– «Bella creatura, chi sei?... Sei l'anima chiusa nel diamante? La mia vita è tua. Dimmi che debbo fare per liberarti e tutto farò. –

La fanciulla rispose con una piccola voce che parve un sospiro:

– Mano di strega mi ha fatto entrare, martello d'oro mi farà uscire. –

E sparì.

Senza aspettare il sorgere del giorno, Re Benedetto fece sellare il più veloce dei suoi cavalli e via di gran corsa alla capitale. Andò dall'orefice che nella città aveva voce di essere il più abile e gli ordinò un martello d'oro tanto pesante da spezzare d'un sol colpo un diamante grande come un grosso uovo.

Il lavoratore del nobile metallo lo guardò con espressione di stupore e disse:

– «Dacchè, signore, siete tanto ricco da mandare in pezzi un diamante grande come un grosso uovo, per questa sera sarete servito. –

All'ora indicata Re Benedetto si presentò per ritirare il prezioso martello e l'orefice, che l'aveva da poco finito, andò per prenderlo. Ma il martello non c'era più.

Si guarda, si cerca, si fruga, si mette la bottega a soqquadro; ma il martello non si trova. Il martello è proprio sparito.

Guinizello pensò che quello poteva essere un tiro della maledetta strega ed ordinò un secondo martello d'oro, raccomandando di custodirlo ben bene.

E infatti l'orefice, appena l'ebbe finito, lo chiuse in una cassa di ferro della quale mise la chiave in tasca.

Di lì a poco ecco Re Benedetto a ritirare il martello perché lo bruciava l'ansia di possederlo finalmente.

L'orefice lo accolse con viso raggiante, come a dire che il martello d'oro era là e questa volta nessuno era venuto a portarlo via.

Corse alla cassa… e – lascio pensare a voi la sua dolorosa sorpresa – quando trovò la cassa di ferro con la serratura spezzata e il martello d'oro sparito; sparito; proprio sparito.

Re Benedetto si convinse che quella era davvero farina dell'infernale megera ed ordinò un terzo martello.

Se non che l'orefice non voleva saperne di lavorare ancora al martello maledetto e ripeteva:

– "Qui c'è una malìa! Qui c'è una malìa!"

Re Benedetto promise di pagare tutti e tre i martelli e di aggiungere una generosa mancia. Tanto disse e tanto fece che l'orefice si indusse a ricominciare.

Il giovane signore questa volta volle assistere egli stesso al lavoro sino dal suo inizio e, appena vide il martello compiuto che splendeva nelle mani dell'artefice, se ne impossessò prontamente e se lo mise in seno insieme al diamante. Pagò il conto anche più largamente di quanto aveva promesso, salì a cavallo e via di corsa a casa.

Per tutto il viaggio gli parve che un'ombra lo seguisse; gli parve anche di sentirsi ripetutamente chiamare da una voce cavernosa e rauca che non gli era nuova. Era certo la vecchia strega che tentava di fermarlo per rubargli il diamante e il martello.

Dopo aver cenato e aver passato una serata allegra con degli amici che erano venuti a godere della sua larga ed affettuosa ospitalità, Re Benedetto si ritirò nella solita camera.

La mezzanotte era vicina: Guinizello, in preda ad un'ansia tormentosa, cominciò a provare il martello d'oro, a studiare il colpo sul diamante.

Quando gli parve di essersi sufficientemente addestrato, la fronte madida di sudore e il cuore che gli batteva da spezzarsi, con la sinistra tenne fermo il diamante, con la destra alzò il martello e, mentre l'orologio batteva: Uno!... Due!... Tre!..., giù un gran colpo.

La fanciulla comparve bella, viva, palpitante, luminosa con l'abito azzurro e la collana di brillanti. Intorno a lei aleggiava un'aura di felicità, una luce di grazia e di poesia.

Re Benedetto, come le altre volte, rimase estatico e muto.

Fu lei che gli si avvicinò, che gli mise leggera le mani sulle spalle e gli disse:

– Guinizello, Re Benedetto, sono Bianca Maria, sono colei che tu hai liberata dall'incanto e tolta dal cristallo nel quale ero imprigionata. Il nucleo azzurro come di zaffiro erano i miei occhi, i fili d'oro erano i miei capelli e il battito che tu udivi era il mio cuore che palpitava e soffriva. Ora sono tua, non ti fuggirò più, starò sempre con te. Vuoi che ti racconti la mia storia di dolore? –

Re Benedetto si beava nel guardarla, nell'udirla e la lasciava dire; ma poi si scosse, le prese la testina fra le mani e la baciò nei capelli. Poi, fattala sedere accanto a sé, le diceva:

– Bianca Maria, come sei bella! Dimmi ancora che sei mia! Sì, raccontami la tua storia! –

E Bianca Maria con voce lieve e dolce incominciò:

– Sono figlia del re di Terradoro. Quando nacqui si fece gran festa in

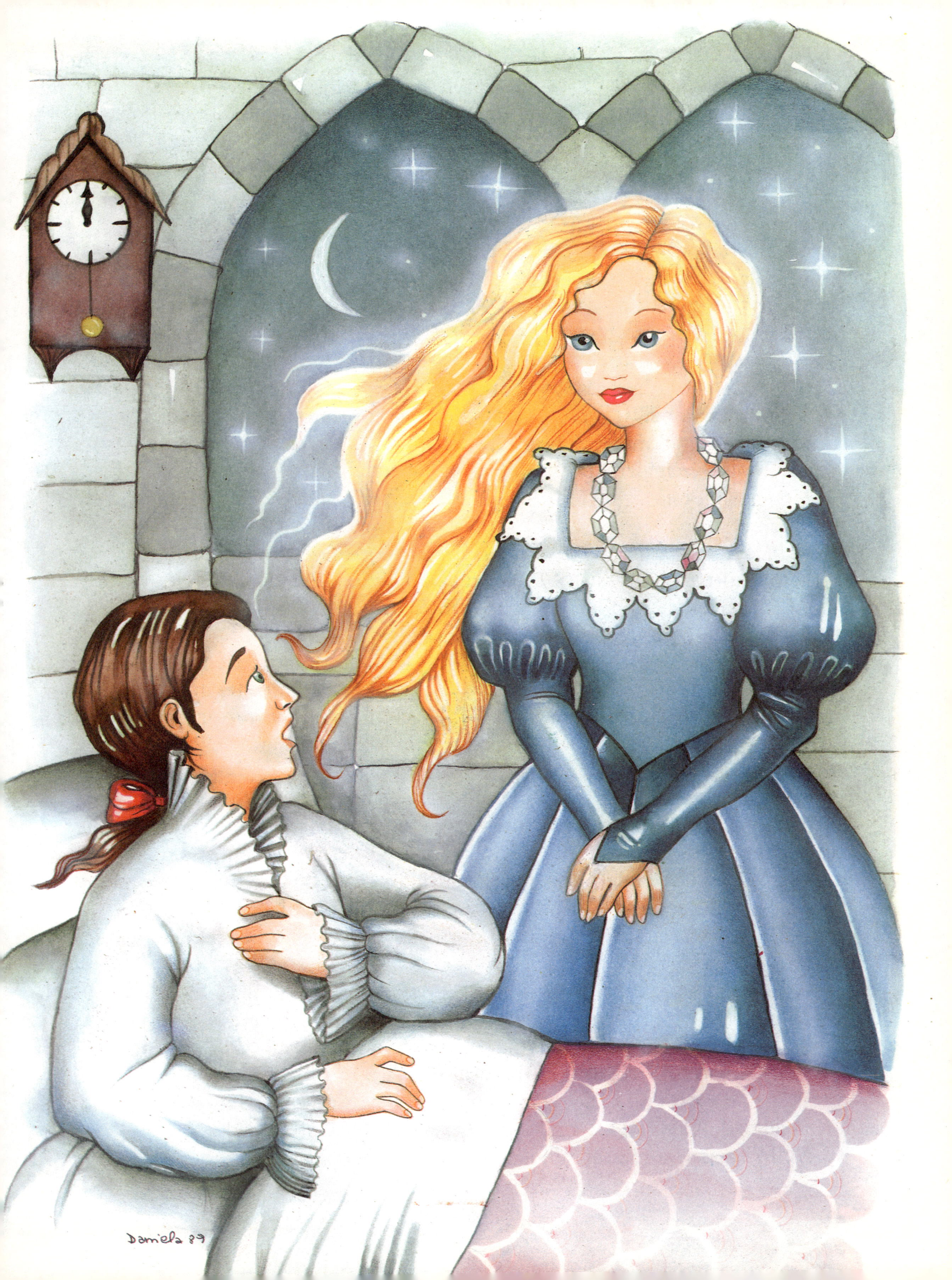
Daniela 89

tutto il vasto regno perché da molti anni mio padre e mia madre erano sposi e ancora non avevano dato un erede al trono. Ero l'idolo del popolo che mi chiamava reginella.

Quando passavo in carrozza per le vie della città tutti correvano per vedermi e mi dicevano:

«Bella reginella, sei la nostra gioia e il nostro orgoglio! Il buon Dio ti benedica!»

Avevo già sette anni quando l'impero fu afflitto da un'orribile carestia. I ricchi emigrarono; cercarono altre terre più ospitali e più benigne finché fosse passata la sventura; ma i poveri furono ridotti a mangiar erbe e radici e, quando anche queste mancarono causa la persistente siccità, morivano addirittura di fame. Il re, che è un vero padre del suo popolo, aveva già speso tutto il suo danaro per comprare del grano. Le casse dello Stato erano vuote come i sacchi delle granaglie e dei legumi.

Un giorno una gran folla si adunò sotto le finestre del palazzo reale gridando:

«Maestà, abbiamo fame! Pane! Pane! I nostri figlioli muoiono!»

Mio padre commosso si presentò al popolo dicendo:

– Figlioli miei, lo Stato non ha più oro, non ha più denaro. Ma non disperiamo ancora. Saranno venduti gli ori e i gioielli della corona. Nemmeno un oggetto sarà risparmiato. Vengano alcuni di voi e ad essi consegnerò tutti i forzieri. Andate lontano a cercar grano e legumi. Voglia il buon Dio dopo questo ultimo disperato sacrificio liberarci dal flagello. –

Un urlo di riconoscenza si alzò da quella folla macilenta, mille braccia si levarono a benedire il generoso sovrano.

Se non che la liberalità del re non piacque alla regina: essa stessa sarebbe morta di fame, piuttosto che rinunciare alle sue gemme e alle sue perle che la facevano tanto bella. Prima di consegnare gli scrigni al re ne aperse uno e ne tolse la più ricca e la più bella delle collane: questa che mi vedi; e, dopo averla bene assicurata al mio piccolo collo, mi disse:

– Bianca Maria, fuggi a nasconderti nel parco; fa' che nessuno ti scopra. –

Avevo già attraversato tutte le sale della reggia che in quel trambusto erano rimaste deserte, avevo già sceso una scaletta riservata ai sovrani e stavo per entrare nel giardino solitario, quando mi si fece incontro un'orribile vecchia che mi afferrò brutalmente, mi toccò la fronte con una pietra fredda pronunciando uno scongiuro e dicendo:

«Figlia dell'avarizia e della vanità, io ti tolgo alla vita!»

Nello stesso momento un'altra voce si udì che diceva:

«*Mano di strega ti fa entrare, martello d'oro ti farà uscire!*»

Così io rimasi imprigionata in quella gemma che poi la strega nascose in fondo alla terra. Dieci anni passai in quelle tenebre, finché uno dei tuoi minatori col suo piccone staccò il blocco di carbone dove era il diamante che mi racchiudeva e tu mi trovasti e mi ridonasti alla vita. Sono libera finalmente!... Sei stato tu che mi hai liberata; tu che col martello d'oro hai rotto l'incanto mandando in polvere il diamante. Ti appartengo Guinizello, sono tua, tutta tua!

Andiamo subito nella capitale di Terradoro, alla reggia di mio padre e di mia madre che da dieci anni mi piangono perduta. –

Bianca Maria, tu ardi di rivedere tuo padre e tua madre e io sono ansioso di ricevere da loro la tua mano di sposa. Andiamo. Appena sorgerà il giorno mi recherò alla miniera per dare ordini e disporre le cose per la mia assenza e poi immediatamente partiremo. –

I due giovani passarono il resto della notte in dolce conversare. Ai primi albori Re Benedetto si alzò, prese una mano della fanciulla, vi depose un bacio e disse:

– Addio, Bianca Maria, ritornerò fra poco; ma tu intanto non affacciarti alla finestra, sta ben nascosta, fa' che nessuno, all'infuori dei miei domestici, ti veda. –

Si allontanò a malincuore; pareva che una voce interna gli dicesse di non lasciare un istante solo quella creatura senza la sua protezione. Ma era necessità. Si fece sellare un cavallo e andò.

Bianca Maria per passare il tempo si mise ad osservare gli oggetti che erano di Guinizello; quadri, statuette, vasetti; cose tutte belle e graziose che rivelavano un'anima fine e delicata di artista.

Ad un tratto udì una voce venire dal basso che in tono lamentevole di preghiera diceva:

«Buona gente, fate la carità!... ho fame!... ho fame!...»

La parola fame risuonò dolorosa nell'anima della fanciulla che con atto quasi istintivo, prese un pugno di monete che erano sopra uno scrittoio e le gettò di sotto.

Ma nell'istante medesimo si sentì ancora una volta afferrare brutalmente. Nel suo spavento riconobbe la vecchia strega che la portava via per l'aria. La poverina gettò un grido, un grido forte di angoscia:

«Guinizello! Guinizello!» chiamava «Guinizello, aiutami!...» implorava.

Ma Guinizello era lontano e non udiva. Povera Bianca Maria! Che sarà di lei?

Ma ecco, quando la vecchia sta per uscire dal parco, si ode uno scalpitio di cavalli. È Re Benedetto che ritorna accompagnato dai capi della miniera e da amici. La fanciulla subito lo riconosce e con voce disperata urla ancora:

«Guinizello aiutami!... Guinizello, salvami!»

Il giovane ode, guarda in alto e vede... Gli par di sentirsi strappar la vita; ma si fa forza, volta il cavallo ed insegue l'orribile megera. Gli altri gli van dietro.

Fra loro era un arciere che veniva chiamato il Sagittario, tanta era la sua bravura nel tirar d'arco: le sue frecce non fallivano mai il segno. Egli disse:

– Re Benedetto. Io saprò trapassare il cervello della strega con una delle mie frecce! Vuoi? –

– No, no! Potresti colpir la fanciulla. Andiamo avanti!... –

E correvano dietro alla vecchia senza sapere dove questa sarebbe andata a finire. Quanto angoscioso timore nel cuore del povero Guinizello!

Il mare è vicino; già si sente l'urlo delle onde che impetuose si infrangono contro gli scogli.

Sagittario riprende a dire:

– Se la strega s'inoltra nel mare, noi non potremo seguirla e che avverrà della giovanetta? O la maga la lascia cadere nel profondo o la porta al di là. Ad ogni modo è perduta. –

Re Benedetto grida:

– Sagittario, scocca! –

Uno scatto... un sibilo... la freccia veloce e diritta va a colpire in mezzo alla fronte la strega che urla una bestemmia, si capovolge e piomba a terra supina. Bianca Maria le è sopra ed è salva. Guinizello ebbro di gioia, la piglia fra le braccia e la stringe sul cuore. Non la lascerà mai più, mai più sola, sebbene ora la strega sia morta e non ci sia più nulla da temere.

Mentre i due giovani s'intrattengono fra loro, i compagni sollevano da terra il cadavere della megera, lo portano sugli scogli e poi giù a precipizio nelle acque urlanti e nere. Uno di loro, guardando il lurido corpo che le onde furiose travolgono ed inghiottono, dice:

«Tu non farai più male a nessuno, creatura perfida e malvagia! Ritorna all'inferno di dove sei venuta!»

Quello fu l'elogio funebre della maledetta, come il fondo del mare le fu sepoltura.

Si prese la via del ritorno al castello e per quel giorno non si pensò più a partire verso il regno di Terradoro. Bianca Maria e Re Benedetto avevano bisogno di tranquillità e di riposo.

***

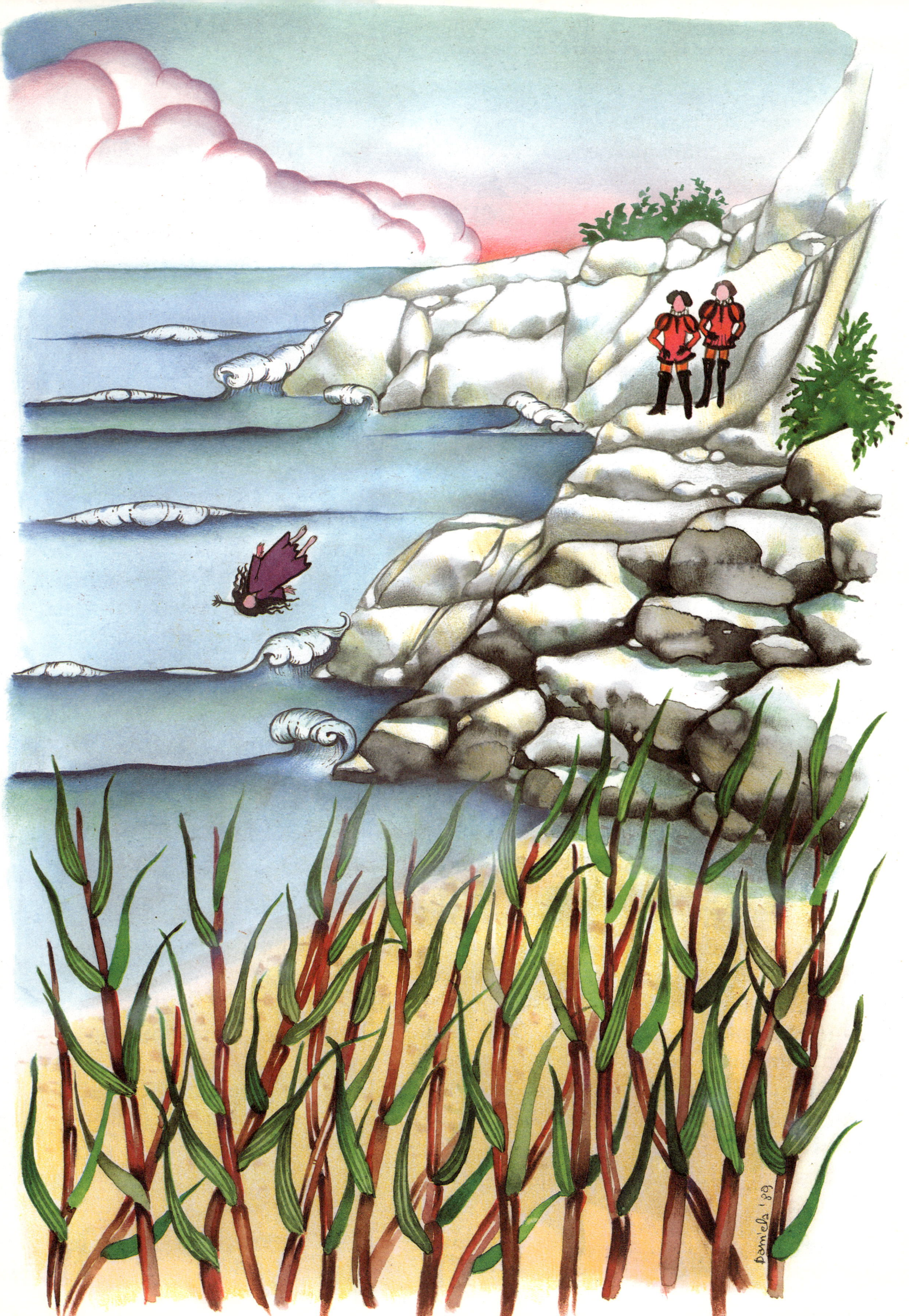

È un mattino di maggio sereno e calmo; tutto è luce e profumo di fiori. È festa e la capitale di Terradoro è affollata di gente allegra e giocondamente spensierata.

Nella grande via che conduce al palazzo reale un giovane signore ed una fanciulla su due superbi destrieri bianchi cavalcano verso la reggia. Sono seguiti da dodici cavalieri in ricchi abiti orientali. La gente si ferma, guarda incuriosita e fa induzioni e commenti:

«Come sono belli! Devono essere persone di alto affare!»

«Certo son due principi che vengono a visitare il nostro re e la nostra regina.»

Qualcuno osserva con malinconia:

«La nostra reginella sarebbe così! Gli stessi occhi di cupo turchino, gli stessi capelli d'oro! Anche il suo bel sorriso era così. Povera reginella! Povera reginella!»

Intanto la cavalcata è giunta al palazzo reale, entra nell'ampio atrio e lì si ferma: i dodici cavalieri scendono primi e danno mano ai due giovani che sono, l'avete già indovinato, Re Benedetto e Bianca Maria. Questa, appena messo piede a terra, senza darsi pensiero delle guardie che sono rimaste sorprese e interdette, infila lo scalone reale, corre attraverso le sale e chiama:

«Mamma, papà!... Mammina mia, babbo mio, dove siete? Sono Bianca Maria, sono la vostra bambina che ritorna!»

Primo ad accorrere fu il re che riconobbe subito la figliola.

Se la strinse al seno, la baciava sulla fronte, la baciava nei capelli e piangeva e singhiozzava; ma parlare non poteva. Ciò che seguì all'arrivo della regina fu una di quelle scene che non si possono ridire con delle parole: solo una madre le può sapere.

Anche Re Benedetto fu accolto come un figliolo e gli furono resi onori sovrani.

Nel giorno medesimo si adunò il consiglio dei grandi e quello del popolo. Il re, dopo aver raccontato per filo e per segno tutto ciò che era accaduto a Bianca Maria, presentò Re Benedetto come sposo della reginella. Il voto unanime di tutta la solenne assemblea si manifestò con un lungo interminabile applauso.

Il popolo che palpitante nell'attesa gremiva la piazza, udì e rispose con urla frenetiche di entusiasmo. La reginella bella come il sole, bionda come un serafino, era tornata e con lei il suo salvatore che diventava il suo sposo. La gioia di tutti era al colmo.

* * *

Le nozze sono imminenti. Da ogni parte accorsero imperatori e imperatrici, re, regine e principi. Anche dalla miniera vennero centinaia di uomini: erano i sudditi di Re Benedetto.

Vi furono tornei, giostre, balli, musiche, luminarie; insomma spettacoli di ogni specie. Parve che la Corte volesse compensare il popolo per quei dieci anni passati nel lutto.

La cerimonia nuziale è compiuta. Re Benedetto e Bianca Maria sono sposi. Il popolo acclama; vuole vederli...

Si spalanca il balcone: appare il re in mezzo a Guinizello e a Bianca Maria che nell'abito di trine candide e leggere come una nube, scintillante di gemme, nimbata d'oro dai capelli biondi, non pare essere cosa umana. Il popolo prorompe in applausi; ma il re fa cenno di voler parlare ed un silenzio solenne succede.

– Sudditi miei, sono vecchio, ormai impotente al peso di un regno come questo potente e vasto. Ecco colui che, baldo di giovinezza, forte di pensiero nuovo, bello di ogni virtù, in un giorno non lontano sarà vostro re! Ecco quella che col profumo della bontà, col fascino gentile della bellezza sarà la grazia del regno. –

Scoppiò un urlo frenetico, indimenticabile per chi l'udì. Seguitarono a lungo gli evviva a Re Benedetto salvatore della reginella, a Bianca Maria, al re, alla regina.

* * *

Dopo altri tre giorni di feste ognuno se ne tornò a casa sua. Il re e la regina di Terradoro volevano che Guinizello e Bianca Maria rimanessero con loro perché non sapevano adattarsi all'idea di perdere un'altra volta la bella figliola, ma Re Benedetto si oppose dicendo:

«La mia città nera e il mio buon popolo di minatori hanno ancora bisogno di me. Io debbo ancora lavorare laggiù. Ma quando un giorno mi imporrete di venire a reggere le gloriose sorti del vostro dominio, tornerò. E allora, Maestà, saprò fare il mio dovere e sarò un altro padre pel vostro popolo.»

* * *

I futuri sovrani del gran regno di Terradoro suoi due superbi cavalli bianchi cavalcano verso il castello della miniera.

I dodici cavalieri vestiti all'orientale li seguono.

Un'altra volta Re Benedetto ha lasciato il fasto e il piacere per una vita di lavoro e di sacrificio.

Salve a lui, re del lavoro!

Salve a Bianca Maria, regina di bellezza e di bontà!

Ed or, se v'è piaciuta la novella,
Gridate tutti insieme: Oh, bella! Oh, bella!
Poi tornate a giocar lieti e contenti,
Fanciulli buoni, bravi e sorridenti.

I tre fiori

In Oriente, dove i fiori sono più profumati, gli uccelli più variopinti, le donne più belle, erano tre fanciulle che avevano ognuna il nome di un fiore: Rosa, Veronica e Speronella. Rosa, la maggiore, aveva i capelli neri, e neri i grandi occhi a mandorla. I capelli della seconda erano castani, splendenti come l'oro colato e gli occhi di lei verdi come il mare. Speronella era bionda come l'oro lucente ed aveva gli occhi azzurri come il cielo sereno.

Non avevano più mamma. Il padre, Glauco, che voleva loro un gran bene, ne era così geloso che non voleva che nessuno le vedesse: perciò le custodiva nella sua grande casa che guardava il mare, circondata da un giardino che un alto muro chiudeva.

Le tre sorelle erano felici là dentro perché non sapevano nulla del mondo. Passavano le giornate cantando, mentre intessevano i meravigliosi tappeti che Glauco portava a vendere alla città e che una nave conduceva poi in Europa, dove facevano l'orgoglio delle case dei ricchi raffinati e dove pittori famosi li eternavano nei loro quadri. In quei lavori le tre fanciulle mettevano tutta la poesia della loro anima; in quei fiori, in quegli arabeschi l'armonia dei colori era come una musica dolce.

Un giorno le tre sorelle erano nel giardino a rallegrarsi nella visione dei fiori quando videro uscire da un'aiuola una grossa lucertola verde.

«Oh, la brutta bestia!» gridò Rosa e si mise a rincorrerla. Veronica riuscì a colpirla forte con un piede; e quando Speronella la raccolse pietosa, la povera bestiola era sanguinante e morente.

Speronella si mise a piangere; calde lagrime le scesero dagli occhi e con grande meraviglia delle sorelle, le si raccolsero intorno al collo convertite in grossissime perle dai riflessi rosati. E una splendida collana l'ornò come una piccola principessa.

Intanto la lucertola verde, dopo essersi dolorosamente dibattuta nelle sue mani, morì.

Subito un vento impetuoso e caldo passò sul giardino: le spalliere di rose dalle tinte superbe e dai profumi inebrianti, caddero inaridite; le veroniche e le speronelle, che fiorivano da ogni parte, si seccarono improvvisamente.

Le tre fanciulle corsero a rifugiarsi in casa spaventate e presaghe di misteriosi avvenimenti. Da quel giorno lavorarono silenziose e non cantarono più.

Alcun tempo dopo Glauco si preparò ad uno dei suoi viaggi carico di cose meravigliose: aveva morbidi e ricchi tappeti, stoffe di seta ricamate in oro, argento e pietre preziose, velluti d'ogni colore, damaschi, pellicce, piume, profumi, avori scolpiti, tarsie di madreperla, cofanetti di agate e di lapislazzuli con ornamenti di bronzo.

Prima di partire domandò alle figliuole che cosa desideravano avesse loro portato in regalo.

«Una pianta di rose in un vaso di diaspro.» disse la maggiore.

«Una pianta di veroniche in un vaso d'argento.» disse la seconda.

«Una pianta di speronelle in un vaso d'oro.» disse la minore.

E tutte tre abbracciarono il padre augurandogli un buon viaggio e buoni guadagni.

Glauco aveva venduto tutta la sua mercanzia ad un mercante veneziano che, più d'ogni altra cosa, aveva apprezzato i tappeti dalle tinte calme e armoniose delle sue figliole e li aveva pagati fior di quattrini.

Comprò un vaso di diaspro per Rosa, quello d'argento per Veronica e quello d'oro per Speronella; per questa poi che era la sua prediletta, perché la più affettuosa e la più buona, scelse anche un piccolo innaffiatoio d'oro e una zappettina d'oro alla quale faceva da manico una lucertola verde di smeraldo con gli occhietti di brillanti.

Ma per quanto andasse da un venditore di fiori all'altro, per quanto cercasse in questo e in quel giardino, non gli fu possibile di trovare nemmeno una delle tre piante che le sue belle figliole gli avevano chiesto in dono. Veniva la notte e dovette partire senza nulla.

Glauco non era allegro: una mestizia lieve gli riempiva l'anima; pensava, pensava e lasciava al cavallo la cura di trovare la strada.

Il sole aveva spento i suoi ultimi raggi quando si trovò davanti ad un superbo palazzo: i muri aveva di bianco marmo, le finestre di pietre dure trasparenti, le porte d'argento. Era una meraviglia.

Un'aiuola dell'immenso giardino, che non si vedeva finire, attirò subito la sua attenzione. Nel mezzo rose rosse, rose bianche, rose gialle, rose incarnate; attorno veroniche dalle eleganti piumette bianche ed azzurre; facevano margine ciuffi di speronelle di una bellezza e di una varietà di tinte non mai vedute.

Un cancello era aperto e Glauco entrò sperando che un giardiniere o un custode gli avrebbe ceduto le tre piante desiderate: le avrebbe pagate qualunque somma. Ma nessuno rispose al suo chiamare; tutto era chiuso, tutto era muto, e quella pareva la dimora del Silenzio e del Sonno.

Allora, sebbene avesse un po' di timore ed il cuore gli battesse forte forte, prese la zappettina d'oro e sradicò una rosa rossa, una veronica azzurra e una speronella bianca; mise quel tesoro in una borsa e continuò la sua via. Se non che qualche cosa gli turbava l'anima come la puntura sottile di un rimorso.

Giunse a casa quando battevano i dodici colpi della mezzanotte.

Rosa, Veronica e Speronella, che avevano vegliato aspettando, corsero ad incontrarlo; gli cambiarono abiti e calzari, lo confortarono di bevande e di cibi ristoratori; non si saziavano di accarezzarlo.

E Glauco nella vasta e ricca sala luminosa, nella gioia allegra delle sue figliole dimenticò ogni cruccio. Dette alla maggiore la rosa rossa col vaso di diaspro, alla seconda la veronica azzurra col vaso d'argento e alla minore la speronella bianca col vaso d'oro, il piccolo innaffiatoio d'oro e la zappettina d'oro col manico di lucertolina verde dagli occhietti di brillanti.

Intanto l'alba sorgeva e tutti si coricarono felici.

* * *

Il sole era già alto, la superba natura orientale folgoreggiava in tutto il suo splendore. Rosa, Veronica e Speronella avevano messo le piccole piante ognuna nel proprio vaso e le ammiravano contente; Glauco, seduto su di un cuscino al modo orientale, fumava e le guardava superbo perché erano così belle.

Un muovere di fronde, un rumore insolito al di là del muro fu udito:

Glauco si alzò, prese la sua daga e uscì per vedere chi fosse.

Un orso enorme, nero come son quelli d'America, gli venne incontro barrendo spaventoso. Aveva il pelo lucente e morbido come seta, gli occhi di fuoco, forti e falcate le unghie. Una collana d'oro incastonata di pietre preziose gli cingeva il collo, quattro anelli simili gli ornavano le zampe.

– Glauco, – disse con orribile voce, deponi quell'arma: sarebbe inutile. Tu hai profanato la dimora del principe Milko, il figlio del più potente re della terra; hai camminato su quel suolo che nessun piede mai calcò; hai parlato là dove voce umana mai fu udita; hai preso di quei fiori che occhio di uomo mai vide, che mano di vivente mai toccò.

La tua colpa è grande, e grande sarà la tua pena. Io voglio i tuoi fiori: tua Rosa bruna, la tua Veronica dagli occhi color del mare, la tua bionda, dolce Speronella. –

Il povero Glauco sperò di sognare, di delirare: ma quando dovette persuadersi che tutto era realtà, disperato si gettò in ginocchio davanti al superbo animale dicendo con voce affannosa rotta dai singulti:

– Maestoso Orso, sì, la mia colpa è grande; ma non seppi di far male!... Perdonami!... Pigliati le mie ricchezze, son molte, io te le dono!... Ma lasciami le mie figliole!... Esse sono il mio orgoglio, il mio unico amore, la luce dei miei occhi, la mia vita!... –

Il povero uomo piangeva con tale dolore da impietosire i sassi. Ma l'orso impassibile e freddo rispose:

– Non posso!... Se fra sette ore e sette minuti non mi avrai dato le tre fanciulle, esse saranno divorate sotto i tuoi occhi; e dopo... guai a te! –

Glauco ritornò alle figlie più morto che vivo. Quando poté parlare, raccontò come erano andate le cose sino dal suo entrare nel giardino incantato. Quei quattro infelici non sapevano far altro che piangere e non prendevano alcuna risoluzione.

Il barrito terribile dell'orso si faceva ogni poco sentire. Le ore passavano ad una ad una veloci.

Ne restavano tre e sette minuti quando Rosa s'alzò disperata e, guardando il mare, disse:

«Mare, Mare, che tanto ho amato, solleva le tue onde e gettale sulla terra. Affoga la bestia che vuol farci male e sia seppellita nella tua profondità!»

Il mare diventò torbido e cominciò a muggire; le onde alte e spumanti si accavallarono e si rovesciarono sulla terra; le acque salivano, salivano... Ma l'orso nuotava sicuro e venne a posarsi sul muro che chiudeva il giardino.

Il grande orso nero dagli occhi di fuoco era là. Un'altra ora era passata.

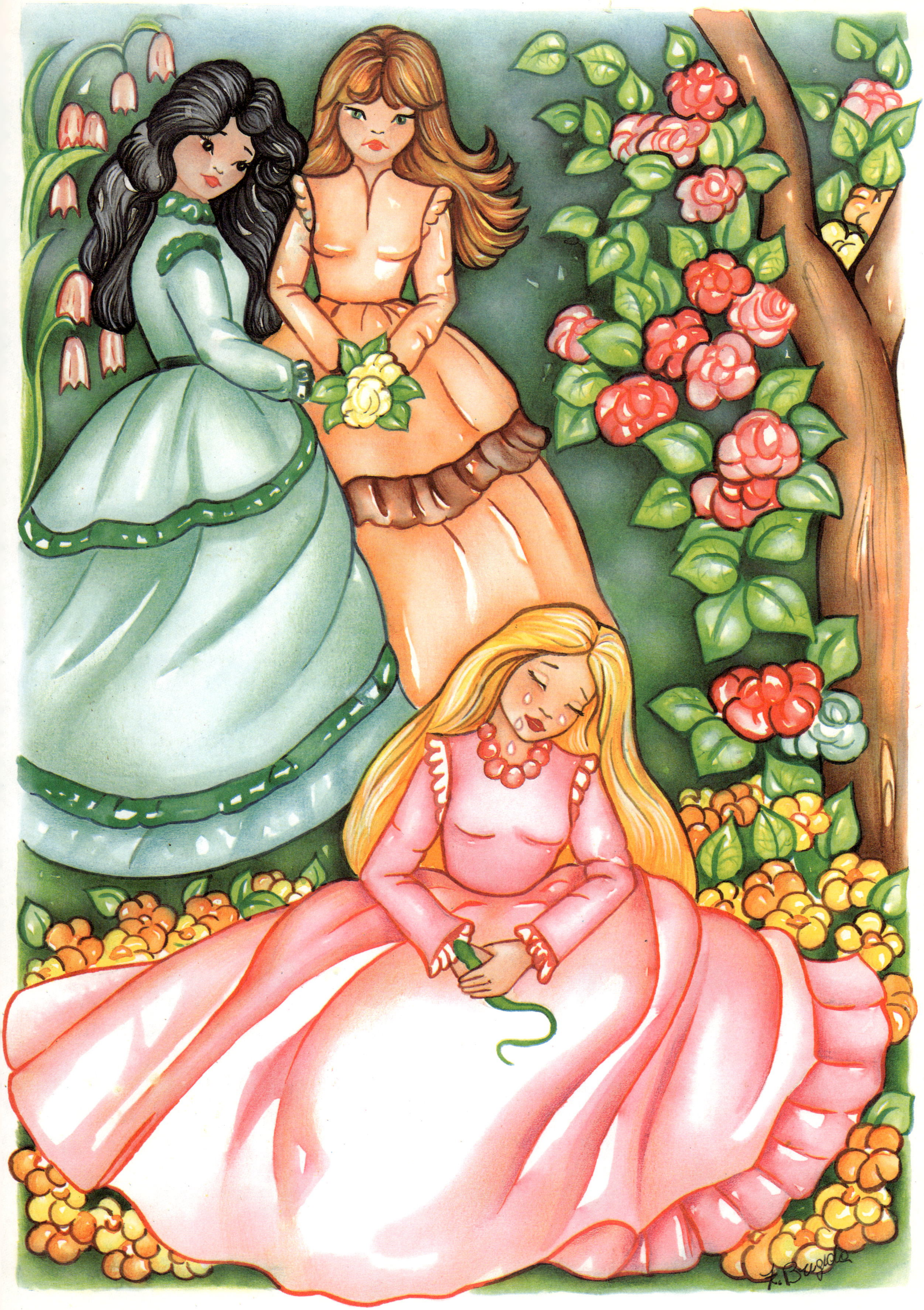

Veronica levò lo sguardo al cielo e disse:

«Allah! Allah! Allah! che sempre pregai, che sempre onorai coi fiori più belli, coi frutti più saporiti, manda i tuoi fulmini ad incenerire la bestia che vuol farci male e la terra ne inghiotta la polvere nelle sue caverne!»

Nuvole tempestose copersero il cielo e nascosero il sole; nell'aria si sentì uno strepito orrendo; la terra parve scuotersi; i fulmini caddero da ogni parte, ma non colpirono l'orso che tranquillo camminava sul muro.

Il grande orso nero dagli occhi di fuoco era là. Ancora un'ora e sette minuti.

Speronella prese la sua lira e cantò:

«O mamma, mamma cara!
Vedi la sorte amara,
Tu solleva Maestrale
Che senza fargli male,
Prenda l'orso piano piano
E lo porti via lontano!...»

Si ritirarono le acque, si rasserenò il cielo, il sole tornò a splendere. Venne Maestrale che sollevò l'orso nell'aria come un uccello leggero. Ma invece di portarlo lontano lo posò lievemente dove erano Glauco e le fanciulle.

Il grande orso nero era là davanti a loro e li guardava con occhi di fuoco.

Solo Speronella non ebbe paura. Fidente posò una mano carezzevole sulla testa del terribile animale dicendo:

«È nostro ospite, non ci farà male; e noi gli dobbiamo cortesia.»

In un vaso di cristallo versò del fresco latte di cocco e lo porse all'orso che bevette avidamente; poi gli diede miele dolcissimo e frutti da lei raccolti nel giardino. L'orso guardava con occhi buoni la fanciulla e le lambiva le piccole bianche mani. Rivolgendosi poi a Glauco parlò:

– Glauco, non temere; dammi fiducioso la tua Rosa bruna, la tua Veronica dagli occhi color del mare, la tua bionda, dolce Speronella. Nessuno farà loro male. Il loro destino deve compiersi. Verrà giorno in cui le rivedrai felici. –

– Rosa, Veronica, Speronella, sette minuti ancora... Andiamo! –

Le tre sorelle abbracciarono il padre e si sedettero sulla groppa del grande orso nero cogli occhi di fuoco. La bestia s'alzò a volo come uccello leggero, prendendo le vie dell'aria.

S'immerse il sole in un mare di fuoco e l'animale volava ancora;

apparvero le stelle nel cielo oscurato e volava ancora; sorse la luna a guardare le cose dormire e volava ancora.

Finalmente cominciò a calare e Rosa, Veronica e Speronella si videro davanti al vestibolo di un palazzo tutto luci e splendori. L'orso era sparito. Esse entrarono.

In una stanza che aveva quattro grandi specchi per pareti, mani invisibili le pettinarono, le aspersero di profumi deliziosi, le vestirono di abiti superbi. Furono dopo in una sala che pareva un giardino poiché tanti erano i fiori che la riempivano.

Nel mezzo era una tavola apparecchiata per tre convitati: i cristalli delle coppe scintillavano iridescenti, il vasellame d'oro e d'argento splendeva, le porcellane dipinte davano agli occhi una gioia calma. Una musica, che pareva di cielo, suonava. Apparvero cibi squisiti e bevande deliziose. Le tre sorelle si cibarono di quelle buone cose abbastanza tranquille e senza paura.

Quando le fanciulle ebbero sonno, si apersero tre porte: tre piccole camere bianche avevano ciascuna un lettino candido nascosto da veli e trine.

Rosa, Veronica e Speronella si addormentarono.

* * *

Col mattino ricominciarono gl'incanti: il lusso più sfarzoso le circondava; tutto ciò che desideravano compariva; ancelle invisibili erano sempre pronte a servirle. Così che le tre sorelle non sarebbero state scontente della nuova vita se il pensiero del padre lontano e solo non le avesse afflitte.

Il grande orso nero dagli occhi di fuoco entrò. Solo Speronella non ebbe paura e gli andò incontro sorridente. L'animale la guardò buono e disse:

– Rosa, Veronica, Speronella, non abbiate paura; qui nel palazzo incantato del principe Milko sarete come principesse. Tutto quanto vedete è vostro; tutto ciò che vorrete avrete. Venite con me. –

E condusse le fanciulle per quelle sale meravigliose. Là, dove i muri non erano coperti da velluti superbamente ricamati, da damaschi rossi, verdi, azzurri, gialli, da broccati d'oro e d'argento, grandi artisti avevano dipinto. Si vedevano fiori che pareva diffondessero nell'aria i loro profumi, uccelli di cui sembrava udire il canto, cieli sereni, limpide acque solcate da vele leggere, garzoni e fanciulle in festa di danze e suoni. Innumerevoli statue di candido marmo popolavano quella dimora di fate.

Uscirono e videro i muri del palazzo scolpiti con cacce, con guerre, con scene che raccontavano la storia del mondo. Nell'argento delle porte erano sbalzati tralci di vite, festoni di fiori e di frutti, animali fantastici.

Il giardino, che pareva non avesse confini, era ricco delle piante più rare, dei fiori più belli, dei frutti più deliziosi; ovunque fontane dalle fresche acque zampillanti; vi scorrevano ruscelli lucenti, ombreggiati da alti e folti alberi; vi era un lago con barche, ami e reti per pescare i pesci dorati che vi guizzavano.

Ma non una voce s'udiva; tutto era muto. Quella pareva la dimora del Silenzio e del Sonno.

– Babbo Orso, – disse la Speronella, – perché in questo luogo così bello le farfalle non volano sui fiori, le lucertole non corrono tra le piante e gli uccelli non cantano sugli alberi? –

L'orso la guardò buono e disse: – Sia come vuoi! –

E subito farfalle dai cento colori volteggiarono intorno; lucertole verdi, lucertole grigie corsero da ogni parte graziose ed irrequiete; uccelli di ogni specie popolarono gli alberi e riempirono l'aria con le loro armonie; candidi cigni si videro nel lago, superbi pavoni e variopinti fagiani nei prati verdi.

Speronella piena di gioia accarezzò l'orso dicendo:

– Tu sei buono, babbo Orso! Ti voglio tanto bene!… –

A quelle parole gli occhi dell'animale ebbero un'espressione umana.

Arrivarono dove il giardino finiva: un bosco folto, oscuro, pauroso era tutto intorno. L'orso guardò corrucciato dicendo:

– Non vi entrate mai! È la selva maledetta!… Se incaute vi metteste il piede, non ne uscireste mai più. – Ciò detto sparì.

* * *

Ogni sera, quando le tre sorelle si mettevano a tavola, l'orso veniva ad assistere alla loro cena. Se non che, mentre Speronella era contenta di vederlo e gli faceva molta festa e molte carezze, Rosa e Veronica non sapevano nascondere la paura e il ribrezzo che loro incuteva quella fiera.

Il settimo giorno l'orso non venne solo: un bellissimo giovane l'accompagnava; era il principe Milko, il figlio del più potente re della terra. Quella sera passò in una gioia allegra e così tutte le altre che seguirono.

Rosa e Veronica tenevano il principe quasi sempre per loro; Speronella s'intratteneva con l'orso che inventava ogni sorta di giochi per farla divertire. Se non che Milko pareva mostrare una speciale predilezione per la bionda, dolce Speronella dagli occhi azzurri come il cielo sereno; e quando portava regali, quello di Speronella era sempre il più bello.

Nel cuore di Rosa e di Veronica nacque l'invidia.

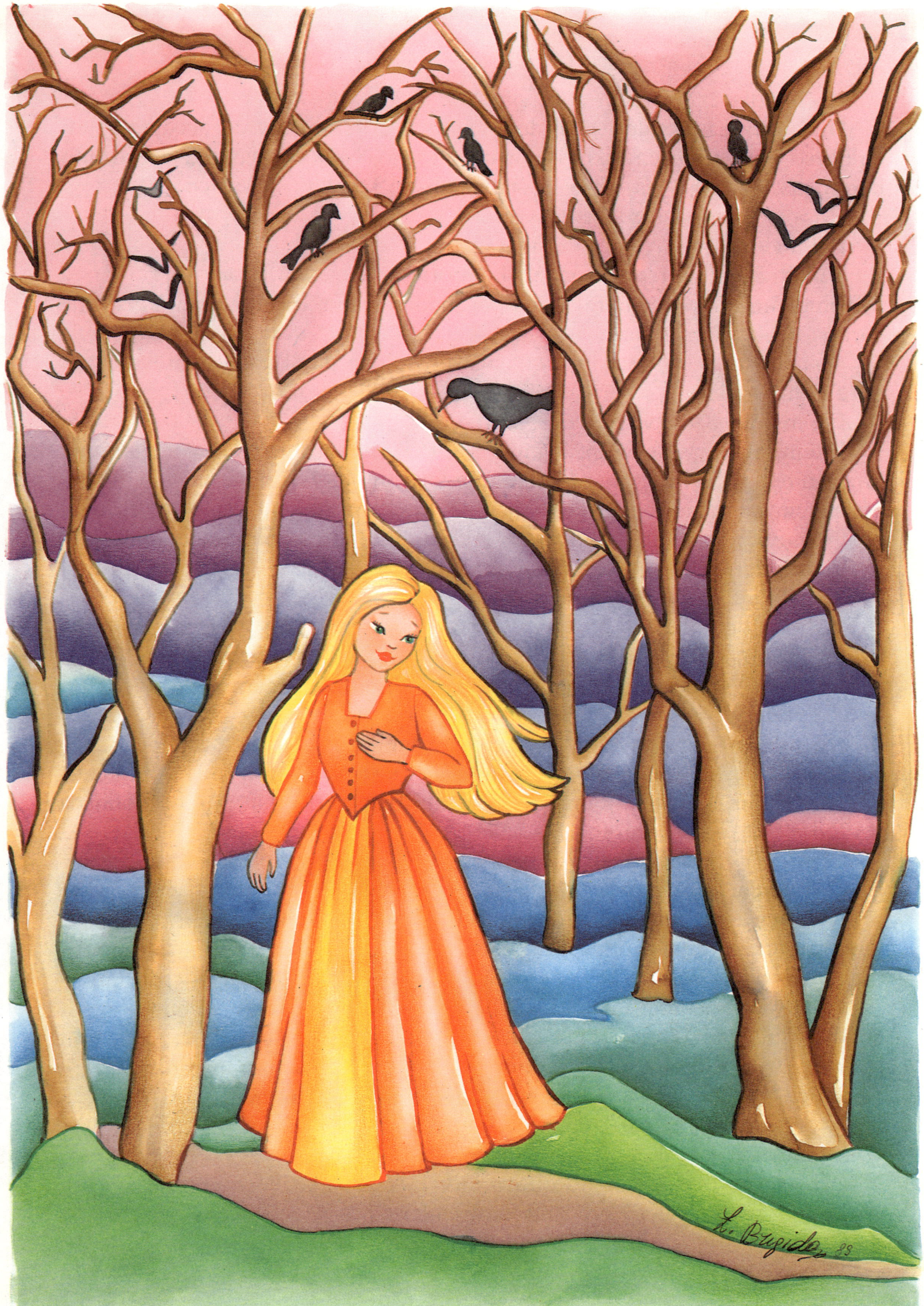

E l'invidia è malvagia consigliera.

Una sera risplendente di luna Milko e le fanciulle, accompagnati dall'orso, vollero fare una passeggiata sul lago. Nell'attraversare il giardino il principe raccolse un fiore di speronella e se lo mise sul cuore.

Rosa e Veronica ebbero invidia.

E l'invidia è malvagia consigliera.

Un'altra volta il principe Milko portò a Rosa un fiore di rubini; a Veronica un ramo di smeraldi; a Speronella mise in dito un anello con una corona reale di brillanti.

Rosa e Veronica pensarono al significato che quell'anello poteva avere ed ebbero invidia.

E l'invidia è malvagia consigliera.

Il tempo passava sempre uguale. Ma Rosa e Veronica non volevano più un gran bene alla piccola Speronella; le facevano dei dispetti e la lasciavano quasi sempre sola. La povera fanciulla, che non sapeva il motivo di quel cambiamento, piangeva in segreto e solo all'orso raccontava le sue pene. Come desiderava il suo babbo per consolarsi fra le sue braccia con la testina sul suo cuore!

Ognuna delle tre sorelle aveva lavorato un manto da offrire in dono al principe Milko. Rosa su broccato d'oro aveva messo rose rosse, rose gialle, rose bianche, rose incarnate; Veronica su broccato d'argento aveva trapunto le piumette delle veroniche bianche ed azzurre; Speronella su velluto bianco aveva ricamato mazzolini di speronelle di ogni colore.

Il principe Milko ammirò quei lavori e mostrò di averli tutti molto cari. Ma la sera dopo vestiva il manto di velluto bianco ricamato di mazzolini di speronelle di ogni colore.

Rosa e Veronica arsero d'invidia.

E l'invidia è malvagia consigliera.

Nella notte Rosa non chiuse occhio: tormentata dall'invidia pensava il modo di allontanare l'innocente dolce Speronella. Appena spuntò il mattino, entrò nella camera di Veronica ed ebbe con lei un lungo colloquio.

Quel giorno Speronella ebbe dalle sorelle cortesie e carezze e fu invitata a giocare alla palla in giardino. Ella era piena di gioia. Tutte e tre giocavano allegre ed erano una musica le loro voci che echeggiavano intorno. Rosa e Veronica mandavano le palle sempre più avanti, sempre più avanti, finché si trovarono dove il giardino finiva, vicino al bosco nero e pauroso nel quale non dovevano entrare.

Ad un tratto Rosa mandò un grido: la sua palla d'oro che il principe Milko le aveva donato, era andata a cadere fra gli alberi maledetti. Che fare? Ella non si sarebbe mai rassegnata a quella perdita.

Veronica parve pensare un poco, poi disse:

– Rosa, non ti crucciare: leghiamo una fune alla cintola di Speronella; ella, che è tanto agile, entra nel bosco, raccoglie la palla che non può essere lontana, e noi dopo tireremo lei in salvo. –

Speronella sempre compiacente e che in quel giorno avrebbe fatto qualunque cosa per le sorelle, accondiscese.

Ma appena la fanciulla fu ben dentro nel bosco maledetto, le due perfide lasciarono la fune e se ne andarono.

L'invidia era stata malvagia consigliera.

Quando la povera innocente Speronella s'accorse d'esser sola e abbandonata in quella macchia paurosa e nera, rimase atterrita; il cuore le si strinse; le lagrime le si fermarono impietrite negli occhi; volle gridare, chiamare le sorelle, ma la voce non le uscì dalle labbra. I passi che faceva l'internavano sempre più in quell'intreccio di rami e di radici, in quell'ammasso di tronchi. Intorno a lei lo spaventoso rumore di acque che si precipitavano in caverne profonde.

Venne la notte. Affranta si lasciò cadere, e appoggiata la testina d'oro a un albero, guardò in alto. E quell'immagine di vita serena la confortò, le dette un poco di calma. Si disse che le sorelle, babbo Orso, il suo Milko non l'avrebbero abbandonata così e sarebbero venuti a salvarla. In questa speranza si addormentò.

E tu, piccola stella bianca, scintilla, scintilla sulla fanciulla bionda che dorme e dàlle pace.

Quando al mattino Speronella si svegliò vide nel barlume una grossa lucertola verde che la guardava cogli occhietti rotondi: era in tutto simile a quella che le sue sorelle avevano uccisa quel giorno nel giardino della casa di suo padre. Si era così abituata a vivere fra gl'incanti che non si meravigliò di sentirla parlare.

– Speronella, non aver paura, non piangere; son qui per aiutarti; ascolta. Devi sapere che una volta Mileno, il più potente re della terra, era alla caccia. Inseguendo un cervo, entrò in un folto bosco, dove in isbaglio uccise il figlio della Fata Nera, la malvagia. Ella per vendicarsi rubò il reuccio, il piccolo Milko, e lo confinò in una torre alta alta e senza porta per entrare e senza scala per salire. Lassù il principe sarebbe stato sempre, sempre solo, sino alla morte. Il povero re Mileno, la povera regina Milena erano pazzi di dolore.

Mileno chiamò tutti i maghi; ma nessuno poté far nulla contro la Fata Nera che è più potente di loro.

Chiamò tutte le streghe; ma nessuna poté far nulla contro la Fata Nera che è più potente di loro.

Chiamò tutte le fate e venne la Fata Bianca che, luminosa come il sole, è potente e forte come la Fata Nera. Udito il racconto del fatto disse:

«Gran Re, non temere! Bella Regina, non piangere! Il bene trionferà sul male!... La torre senza porta e senza scala si cambierà in una dimora di delizie. Nabucco, il cavaliere perfetto, verrà trasformato in un orso e vivrà col fanciullo reale, amandolo, difendendolo e insegnandogli tutte quelle cose che un re deve sapere. Tre giovanette bellissime, mai vedute da alcuno, andranno a vivere nel palazzo incantato e, se Milko ne amerà una e ne sarà riamato, il primo giorno del suo ventesimo anno riavrà intera la sua libertà e la sposerà. Saranno re e reg...»

A questo punto il Genio buono fu interrotto dall'apparire della Fata Nera che urlò:

«No! Prima di quel giorno un gran dolore farà piangere Milko. Le lagrime lo addormenteranno e io lo riporterò sulla torre fatta ancor più alta, senza porta per potervi entrare e senza scala per potervi salire!»

La Fata Bianca non si diede per vinta: avanzando maestosa verso la nemica esclamò:

«Milko dormirà, sì, se tu lo vorrai!... Ma quando il padre e la madre lo baceranno negli occhi, al canto della fanciulla bionda che gli avrà dato il cuore egli si sveglierà e sarà tolto per sempre al tuo potere d'inferno!»

«Alla più forte la vittoria!» ripeté la Fata Nera e sparì.

Ora sappi, Speronella, che ieri sera quando Milko non ti trovò e seppe che eri sperduta nel bosco maledetto, ha pianto di dolore. Ora dorme solo nell'alta torre senza porta e senza scala. Sappi anche che per salire lassù ci vuole una scala fatta coi capelli della Fata Nera. Fra sette giorni, sette ore e sette minuti cominciano i suoi venti anni e sarà perduto per sempre se tu non lo salvi. Sei forte, Speronella? Hai coraggio, Speronella? Forse soffrirai la fame e la sete e forse i tuoi piedi stanchi sanguineranno.»

– Son pronta a tutto, anche a perdere la vita per salvare il principe Milko! –

– Questo gomitolo ti insegnerà la via; questo chicco di grano ti aprirà la prima porta della dimora della Fata Nera; questo topino ti farà passare la seconda; questa piccola lepre ti farà attraversare la terza. Con questo martellino suona la campana che sta al piede della torre. Quando sarai sul davanzale della finestra, con queste forbicine taglia i capelli della Fata. Se potrai bruciare il suo ritratto che pende dal muro Milko sarà liberato. –

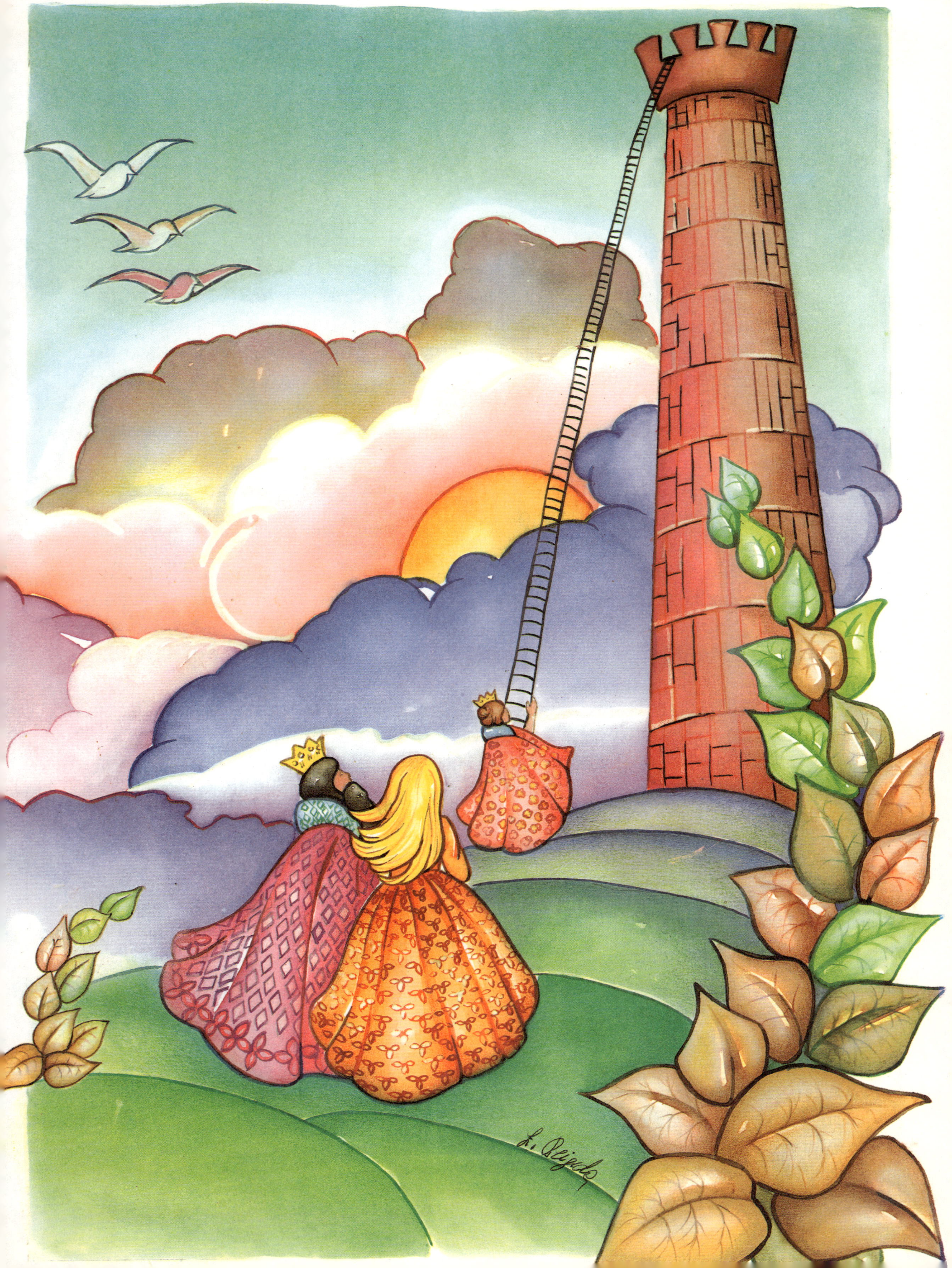

La Speronella prese gli oggetti che erano tutti d'oro, ringraziò la grossa lucertola verde e si avviò.

* * *

Il gomitolo si svolgeva splendente mostrandole la via che doveva seguire, ed ella camminava, camminava sempre. L'accompagnavano gli uccelli a cento a cento rallegrandola col loro canto; i fiori sbocciavano e olezzavano al suo passare; le acque zampillavano limpide e fresche alla sua sete; gli alberi abbassavano i rami per offrirle i loro frutti; la notte erano i gufi, i barbagianni e le civette che le facevano compagnia; i grilli le cantavano la loro canzone e le lucciole le accendevano mille splendori. La dolce Speronella gioiva e ascoltava il suo cuore che le diceva tante cose di speranza.

La sera del terzo giorno arrivò alla dimora della Fata: era un'alta torre di ardesia nera, chiusa all'intorno da tre muraglie della stessa pietra decrescenti in altezza verso l'esterno.

Speronella si diresse alla porta del primo muro. Sette oche nere, alte e grosse come struzzi, le vennero incontro minacciose. Ella gettò il chicco di frumento. Subito un'abbondante pioggia di grano cadde dal cielo. Le sette oche nere affamate si misero a mangiare senza più curarsi di Speronella. E Speronella passò.

Alla porta del secondo muro facevano guardia sette gatti mammoni neri e feroci. La fanciulla gettò il topino. Subito centinaia e centinaia di topi sorsero dal suolo. I sette gatti affamati si diedero a rincorrerli e a divorarli senza più curarsi di Speronella.

E Speronella passò.

Custodivano la porta del terzo muro sette cagne nere magre, orribili, gigantesche che vollero avventarsi contro di lei per sbranarla; ma Speronella gettò la piccola lepre. Subito centinaia e centinaia di lepri si videro venir da ogni parte e le sette cagne affamate corsero a dar loro la caccia senza più curarsi di Speronella.

E Speronella passò.

Al piede della torre ecco la campana che la lucertola verde le aveva indicata; la batté col martellino d'oro ed un suono cupo e misterioso ne uscì. La Fata Nera, credendo fosse la figlia che tornava con la cena, mandò giù le trecce per la finestra. Speronella vi si aggrappò fortemente e salì agile. Quando si sentì sicura sul davanzale, con le forbicine d'oro tagliò i capelli della vecchia che cadde a terra come fulminata: le sue braccia non si muovevano più e le sue gambe non potevano più reggerla, per camminare.

Speronella staccò il ritratto che pendeva da una parete e lo gettò nel fuoco che era pronto per cuocere la cena.

La Fata Nera urlava orribili bestemmie mentre le fiamme consumavano quell'immagine maledetta. Quando fu tutta bruciata, il genio malefico era scomparso dal mondo.

Non c'era più torre, non c'eran più muri, non c'eran più cani, né gatti, né oche; Speronella si trovò sola sulla via.

Ravvolse con cura le lunghissime trecce della Fata Nera e, seguendo il gomitolo d'oro che luminoso continuava a svolgersi davanti a lei, ricominciò a camminare. Gli uccelli cantatori la seguivano durante il giorno; la notte venivano i gufi, i barbagianni e le civette; cantavano i grilli; splendevano le lucciole e nell'anima buona e innocente della giovinetta s'alzava un inno di speranza e di contento.

* * *

All'alba del sesto giorno giunse alla città nella quale risiedevano il re Mileno e la regina Milena. Quei due poveretti piangevano sempre il loro figliolo, il loro piccolo bellissimo Milko.

Speronella si assise al margine di una fontana per riposarsi della lunga via e pensare a ciò che le restava ancora da fare.

Tutto ad un tratto l'acqua divenne luminosa come il sole e ne uscì una bella creatura che abbagliava a guardarla tanto era bianca e lucente. Sorrise a Speronella dicendo:

«Dammi i capelli della maledetta, affinché siano purificati.» Li immerse tre volte nell'acqua di sole e furono trasformati in una finissima scala lunga, lunga, lunga; pareva che dovesse arrivare al cielo. La fata la chiuse in un cofano prezioso che consegnò alla giovinetta. Con le sue mani di luce vestì e ornò Speronella come una principessa reale e, dopo averle ravvolto il capo in un fittissimo velo, le mise in mano una lira d'oro con le corde d'argento, la baciò sulla fronte e scomparve.

Speronella si avviò al palazzo del re. Ad un soldato che con una lunga alabarda faceva la guardia al portone, domandò quale era la finestra della camera della regina.

Le fu indicato un balcone. La regina era lassù che lavorava vestitini di lana pei bambini dei poveri.

Speronella, accompagnandosi con la lira d'oro dalle corde d'argento, cantò:

«*O gran Re, bella Regina,*
Date ascolto alla meschina
Che tra oche, gatti e cani
Che voleano farla a brani,
Fata Nera ella bruciò
Ed il figlio vi salvò.»

La regina, udendo quelle parole, fu presa da una grande commozione e, sebbene con poca speranza, perché già tante volte le avevano promesso invano di ridonarle il figlio, ordinò che si facesse salire la giovine cantastorie.

Speronella entrò sicura come una principessa, si inchinò alla regina e accompagnandosi con la lira d'oro cantò:

«*O gran Re, bella Regina,*
Ascoltate la meschina
Che tra oche, gatti e cani
Che volean farla a brani,
Fata Nera ella bruciò
Ed il figlio vi salvò.»

– Raccontami la tua storia, fanciulla – disse la regina Milena.
– Sacra Corona, solo quando vi sarà il re io potrò parlare. –
– Il re presiede il gran consiglio e non può venire. –
– Sacra Corona, ancora un giorno, sette ore e sette minuti e tutto sarà finito! Andiamo da lui! –

La regina prese Speronella per mano e andò con lei nella grande sala del trono dove era il re circondato da ministri e consiglieri.

Speronella entrò sicura come una principessa. Quando fu alla presenza del re fece un inchino profondo e, accompagnandosi con la lira d'oro dalle corde d'argento, cantò:

«*O gran Re, gentil Regina,*
Date fede alla meschina
Che tra oche, gatti e cani
Che voleano farla a brani,
Fata Nera ella bruciò
Ed il figlio vi salvò.»

– Raccontami la tua storia, fanciulla! – disse il re con aria incredula.

Speronella per parlare più spedita si tolse il velo. I capelli l'avvolsero tutta in un manto d'oro e il suo viso apparve ad ognuno come una meraviglia. Il re e la regina, i grandi del regno rimasero stupiti e muti. Il giullare di corte, scuotendo i cento campanellini del suo abito variopinto, cantò sul liuto:

«*Cosa tanto gentil non vidi mai,
E tutto il mondo col liuto camminai.
Siete fior di verzier, stella di cielo,
Spirto celeste, avvolto in uman velo.
Io vorrei che voi foste mia sorella,
La mia minore, piccola sorella;
E col labbro toccar la fronte pura
Che voi avete, bella creatura.*»

Nessuno davvero aveva mai veduto una fanciulla bella così. Solo Speronella, nella sua innocenza, pareva non se ne accorgesse. Ella volse gli occhi intorno e poi, fermandoli sulla regina, disse il suo lungo racconto con tale accento di modestia e di verità che nessuno rimase dubbioso.

Fu stabilito di partire immediatamente.

* * *

Precedevano le guardie reali, seguivano i grandi dignitari della corte, poi Speronella su un cavallo bianco, in mezzo a cento paggi che custodivano il cofano con la scala fatta dei capelli della Fata Nera; venivano dopo il re con dodici cavalieri e la regina con dodici dame.

Quando fu dato il segnale della partenza Speronella gettò avanti il gomitolo d'oro che si svolgeva, si svolgeva luminoso indicando la strada.

Finiva il settimo giorno quando arrivarono ad un'alta torre di porfido rosso; non aveva porta per potervi entrare, non aveva scala per potervi salire: era quella dove il principe Milko dormiva.

Il grande orso nero dagli occhi di fuoco faceva la guardia e barriva con voce di dolore. Temeva e chiamava, chiamava ansioso.

Fu lanciata la lunga scala fatta coi capelli della Fata Nera e la regina, Speronella e il re salirono ed entrarono per l'angusto pertugio che serviva da finestra.

Milko era là. Dormiva sorridente, adagiato su pellicce preziose, ravvolto nel manto di velluto bianco ricamato di mazzolini di speronelle di ogni colore.

Il padre e la madre piangendo di contento si gettarono su lui, lo chiamarono coi nomi più dolci e lo baciarono negli occhi, mentre Speronella, accompagnandosi con la lira d'oro, cantava:

«Svegliati, Milko, ti desta Amore!
Cessò l'incanto, cessò il dolore!
Morta è la strega, la Fata Nera.
Svegliati, Milko, gioisci e spera!»

In quell'istante l'alta torre rossa, senza porta per potervi entrare e senza scala per potervi salire, scomparve come era avvenuto della torre nera.

Anche il grande orso dagli occhi di fuoco non c'era più: era ritornato il bel cavaliere di una volta; solo i suoi capelli e la sua barba erano diventati bianchi.

Quando le manifestazioni di gioia e le espressioni di meraviglia furono calmate, si prese la via del ritorno; e questa volta avanti a tutti era Babbo Orso, come si continuò a chiamarlo, con Milko e Speronella.

* * *

Dopo tre giorni si fecero le nozze. Vennero dodici re ed altrettante regine, vennero dodici principi reali, vennero tutti i nobili e i cavalieri del regno e tutti portarono ricchi e preziosi doni.

Ma a Speronella mancava qualche cosa; sulla sua fronte era una nube che la tenerezza di Milko non valeva a dissipare.

Le damigelle le avevano già appuntato il velo bianco di sposa; Milko già l'aveva ornata di un monile così prezioso come nessuna regina aveva, quando entrò la Fata Bianca bella e luminosa come il sole.

Accompagnava il padre Glauco, la sorella Rosa e la sorella Veronica.

Era ciò che mancava alla felicità completa della dolce Speronella. Ella non aveva mai saputo il tradimento delle sorelle e non lo seppe mai.

Le due infelici, dimenticate nel palazzo solitario, avevano sofferto i rimorsi più tormentosi, ne avevano avuta l'anima lacerata ed avevano pianto le lagrime più amare.

Ora erano perdonate. Due principi, vedendole così meravigliosamente belle, le vollero in isposa.

Rosa, Veronica e Speronella, i tre bei fiori dell'Oriente, saranno tre regine.

Chi può ridire la gioia di quelle creature che avevano tanto sofferto? La felicità è ancora troppo sconosciuta nel mondo e non ci sono parole per poter descriverla intera.

*La storia fu lunghetta, e non vorrei
che vi foste annoiati, bimbi miei.
Un'altra volta, prometto in verità,
saprò dir con maggiore brevità.*

Lorenza la cicala

Lorenza era la più bella fanciulla della città. La sua avvenenza era decantata anche fuori e molti venivano di lontano per vederla.

Ma la fanciulla aveva un grande difetto: non aveva voglia di lavorare. Diceva che il lavoro e la fatica guastano la bellezza e passava le giornate senza far nulla di nulla. Le piaceva solo di cantare, e cantava così bene con quella sua vocina dolce e armoniosa che era un piacere a starla a sentire.

Ed ella cantava, cantava, cantava sempre; tanto che ormai non la chiamavano più che Lorenza la Cicala.

Finché la sua mamma era stata in vita, un po' per amore, un po' per forza l'aveva mandata a scuola; la bambina, che era intelligente, aveva imparato presto e bene molte cose. Ma appena quella poveretta fu morta, Lorenza non volle più sapere né di aghi, né di uncinetti, né di fuselli.

Pandolfo, il padre, un po' pel gran dolore della moglie, un po' che non vedeva quella figliola quanto era lunga ed era superbo della sua grande bellezza e leggiadria, la lasciava fare a suo senno e, invece di incoraggiarla al lavoro, non sapeva che accarezzarla ed accontentarla in tutti i suoi capricci.

Lorenza profittava anche troppo della debolezza del padre e passava il

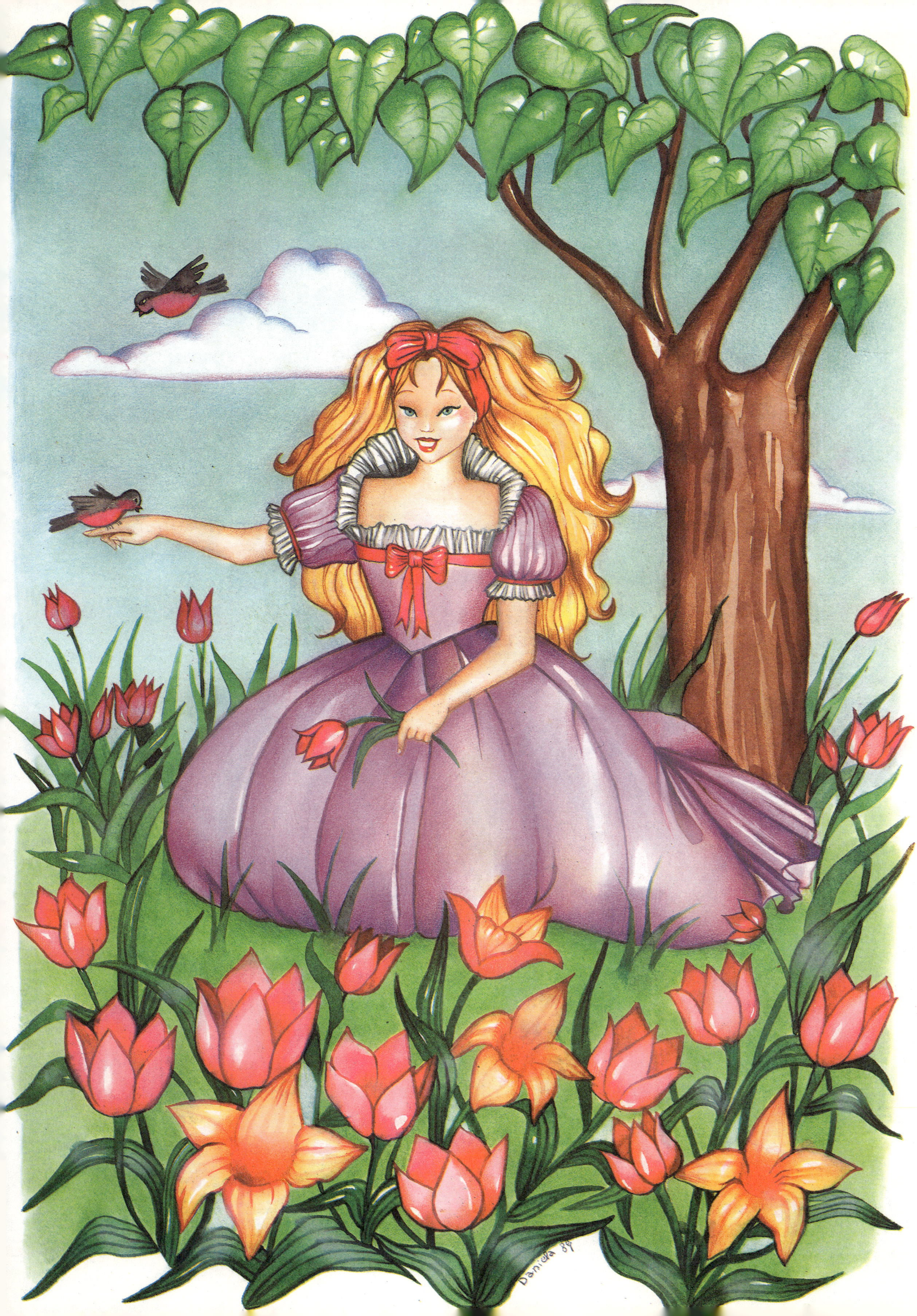

tempo a vestirsi, spogliarsi, andare a passeggio e cantare. Nella sua vanità era paga degli omaggi che tutti le prodigavano. Quando passava per le vie della città a braccio del padre, la gente si voltava a guardarla e restava affascinata da quella superba bellezza di regina.

Se non che il padre, che era ormai vecchio e aveva sognato di dare la sua Lorenza in moglie a qualche principe, cominciava ad impensierirsi. La fanciulla aveva già diciotto anni e nessuno ancora ne aveva chiesto la mano di sposa; quantunque fosse noto che Pandolfo le sarebbe stato largo di una dote vistosa.

Tutti i giovani più ricchi le erano sempre attorno; ma di sposarla nessuno parlava.

Un giorno Gian Martino, che era il parrucchiere di corte, si presentò al vecchio e gli disse:

– Pandolfo, sono venuto a chiedervi in moglie la bella Lorenza. Me la date? –

Pandolfo, meravigliato e contento, prese affettuosamente una mano del giovane e rispose:

– Gian Martino, so che sei un bravo ragazzo e quel che più conta, sei buono e onesto come tutti quelli del tuo parentado; so che hai una casa e un bel po' di terra al sole ed io sono ben contento di darti la mia figliola. Il Signore vi benedica.

Ma debbo dirti una cosa: Lorenza è buona come un angelo, ma non ha voglia di lavorare... Le piace solo di cantare. Non vorrei che tu poi me l'avessi a rimproverare e maltrattare. Ciò farebbe morire lei e me. –

– Siate tranquillo, Pandolfo, io non le torcerò mai un capello e le vorrò sempre un gran bene. Sappiate che non potrei vivere se non la potessi sposare. –

* * *

Di lì a poco si fecero le nozze con gran festa di pranzi, di suoni e di balli e dopo Gian Martino condusse la bellissima sposa nella sua casa.

La casa di Gian Martino era bella ed ampia ed aveva un giardino pieno di fiori, di frutti e di uccelli canterini: era tutto un'allegria.

E Lorenza la Cicala, appena il marito usciva per le sue occupazioni, correva là. Passeggiava, coglieva fiori, mangiava frutta, e quando era stanca, si sedeva sull'erba fresca e verde a guardare le nuvole bianche che in mille forme bizzarre correvano pel cielo azzurro e gli uccelli che volavano sugli alberi e per l'aria. A lavorare non ci pensava nemmeno. E cantava,

cantava; cantava sempre con quella sua piccola voce da rosignolo. E la gente che passava si fermava dietro la siepe per ascoltare:

«Fiore di more,
Bella fanciulla che siedi all'arcolaio,
Ti saluto regina del mio cuore.»
«Ramo fronzuto,
Non son per te, bel giovanetto bruno
Che hai manto d'or di perle e di velluto.»
«Fior di dolcezza,
Tu hai l'oro ne' capei, gemme negli occhi
E sei vestita di tua gran bellezza.»
«Fior di carote,
Bellezza e povertà mi diede Iddio,
La rocca e il fuso sono la mia dote.»
«Fior di spina,
Dammi il tuo amor, fanciulla, io ti do il core
Insiem col trono ove sarai regina.»
«Fiore di serra,
E tanto amor tu avrai dalla tua sposa
Quanto ce n'è su in cielo e nella terra!»

Una mattina Gian Martino disse alla moglie:
– Lorenza, ieri sera mentre arricciavo i capelli del reuccio, con un ferro caldo ho bruciato una manica del mio abito e ci ho fatto un buco. Vorresti farvi un rammendo? –
– Marito mio, a rammendare si affaticano gli occhi e gli occhi stanchi non hanno più splendore. Io non voglio guastare la bellezza del mio volto.
Son Lorenza la Cicala,
Voglio cantare e non voglio lavorare. –
– Ebbene canta, amore mio bello, il rammendo me lo farà una rammendatrice e la pagherò con uno dei tuoi veli. Non sono ricco e non ho denaro. –
E la Lorenza rispondeva con una delle sue stornellate:
«Fior di gaggìa,
Rosa che s'apre al sol rallegra il core,
Rosa che muore dà malinconia.
«Fiore di acanto,
Quando l'aurora sparge in ciel le rose,
Ogni uccelletto scioglie allegro il canto.

«Fiore del prato,
Il rosignol sospira in sulla sera
Allor che il cielo appar tutto stellato.»

E un'altra volta:

– Lorenza mia, guarda le belle matasse di lino che filò per me la mia povera mamma buon'anima, vorresti farmi qualche paio di calzini? –

– Gli aghi da calza punzecchiano le dita e io non voglio guastare le mie mani che son tanto belle.

Son Lorenza la Cicala.

Voglio cantare e non voglio lavorare. –

– Ebbene canta, amore mio bello; farò fare i calzini da una calzettaia e la pagherò con una delle tue vesti. Non sono ricco e non ho denaro. –

E la Lorenza per tutta risposta:

«Fiore di maggio,
La viola odora e il cardellino canta
Mentre fa il nido su un ramo di faggio.

«Fiore del pino
Azzurri son pervinca e rosmarino,
Rossa è la rosa e bianco è il gelsomino.

«Fiore di Dulcamare,
Hanno una voce il mar, le piante, il cielo
Che parla al cuore che la sa ascoltare.»

E un'altra volta ancora:

– Lorenza mia, osserva i bei fazzoletti di seta che m'ha regalato la reginella, perché le ho fatto un'acconciatura nuova che la fa apparire più leggiadra: ce n'è di tutti i colori. Vorresti ornarmeli? –

– Marito mio, a cucire si torcono le spalle e io non voglio sciupare la bellezza della mia persona.

Son Lorenza la Cicala
Voglio cantare e non voglio lavorare. –

E poi guardandolo vezzosa:

«Fiore di neve,
Vola di fiore in fior la farfalletta
In braccio al vento che la porta lieve.
Fior di papiro,
Vorrei salir su una barchetta azzurra
E andar lontan, dove d'andar sospiro.
Fior di banana,
Non lascerei questa mia casa bella

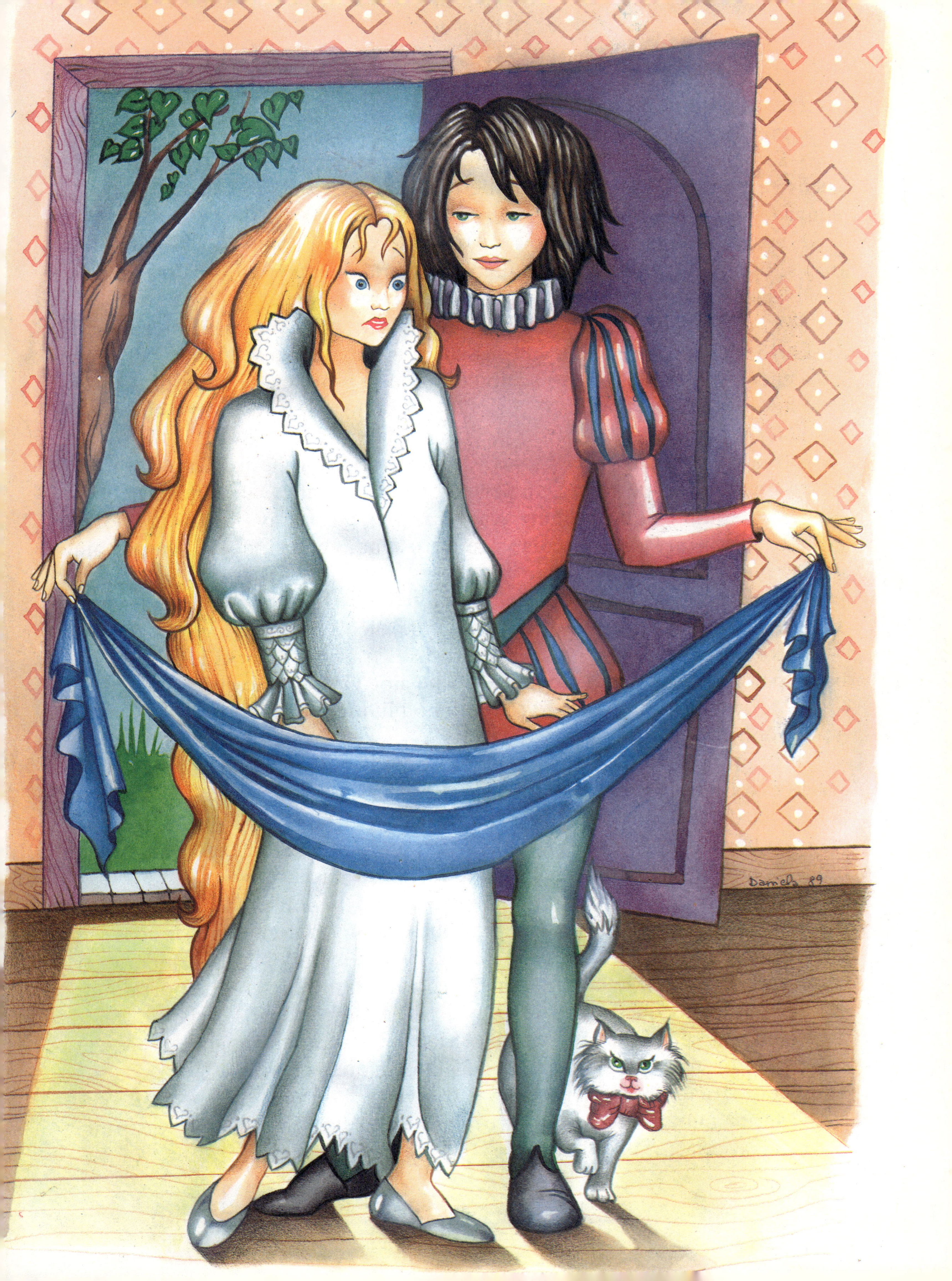
Daniela 89

Per la corona d'or d'una sovrana.»

Gian Martino, dopo averla ascoltata sorridente, l'interruppe dicendo:

– Ebbene canta, amore mio bello, darò i fazzoletti da orlare ad una cucitrice e la pagherò con una delle tue sciarpe. Non sono ricco e non ho denaro. –

E così di seguito ogni due o tre giorni. Lorenza, buona e docile com'era, non si opponeva, non diceva nulla: a lasciarla nel suo ozio beato e al suo canto spensierato, era sempre serena e contenta.

Ma, a furia di togliere ora un capo di biancheria, ora un capo di vestiario, ora un gioiello, la sua cassa nuziale si andava vuotando. In capo ad alcuni mesi la bella cassa scolpita con le borchie e i serrami di bronzo cesellato era vuota. Del ricco corredo di Lorenza non restavano che poca biancheria e delle scarpe.

Ormai la povera Cicala passava le sue giornate in letto. Di uscire non c'era nemmeno da parlarne; e il peggio era che le mancavano anche gli abiti da casa. Se non che non rinunziava al canto e chi passava nella via l'udiva gorgheggiare con la sua piccola voce di rosignolo che si faceva sempre più dolce, più soavemente bella.

Un giorno, all'ora del desinare, ecco Gian Martino che rientra più allegro del solito. Corre dalla moglie e le dice:

– Lorenza, amor mio, una bella notizia: fra pochi giorni il re darà un ballo per tutti i suoi dipendenti e anche noi vi dovremo intervenire. –

– Marito mio, come farò io che non ho più niente da indossare? Non un abito, non un gioiello? –

– Amor mio, non si può mancare, non si può dare un rifiuto al re, sarebbe perdere la posizione alla reggia. Questa mattina mentre lo pettinavo mi ha detto:

– La tieni troppo nascosta quella tua sposa; ma presto la vedremo la tua bella Lorenza, la faremo anche cantare la tua Cicala. –

Lorenza si mise a piangere. Gian Martino la consolò con affettuose carezze e le promise che egli avrebbe saputo accomodare le cose e provvedere a tutto. La giovane donna, soavemente buona com'era, si rasserenò, si asciugò le lagrime e pensò che il marito le avrebbe portato un bell'abito e tutto quello che ci voleva per andare al ballo del re.

Venuta la sera della festa, Gian Martino disse alla moglie:

– Su, Lorenza, preparati: è ormai l'ora d'andare. –

Lorenza ricominciò a piangere e diceva:

– Marito mio, come debbo fare? Vedi, non ho più nulla per vestirmi. Lasciami a casa!... Va tu solo... –

– Tesoro mio, non pianger; le lagrime sciupano gli occhi e la tua bellezza si guasterebbe. Vieni, ora penso io ad accomodarti per bene. –

Lorenza, ubbidiente, si accostò al marito. Questi le infilò una lunga camicia tutta ricami e trine, le fece calzare due minuscole scarpette di raso bianco ricamate d'argento, davanti le panneggiò una sciarpa di seta azzurra e poi le sciolse la magnifica capigliatura bionda che ondulata le scese sino ai piedi come un superbo mantello.

L'abbigliamento era strano, per quanto lasciasse apparire tutta la grazia e tutta l'affascinante bellezza di quell'incantevole creatura.

Povera Lorenza, povera Cicala, come si sentiva mortificata! Ma di opporsi al volere del marito non ci pensava nemmeno.

Alla porta di casa aspettava una carrozza che doveva condurre i due sposi al luogo della festa.

Ma quando la carrozza si fermò davanti al palazzo e si trattò di scendere, Lorenza non voleva saperne chè ella vedeva tutto il ridicolo della sua posizione e provava un senso umiliante di vergogna. Gian Martino la prese fra le braccia e la portò nell'atrio che metteva alla sala del festino.

Gl'intervenuti erano ancora ben pochi; ma il ballo era già incominciato. All'apparire di Gian Martino e di Lorenza tutti si fermano e un coro di voci canta:

«Viva, viva Lorenza Cicala
Che sua bellezza non vuole guastare,
Ha i capelli per mantello,
Sciarpa azzurra per grembiale.
Ma piuttosto che cantare
Assai meglio è lavorare.»

La misera Lorenza era più morta che viva e come inconscia si lasciava trascinare dal marito. Sebbene, abbagliati dalla sua bellezza, tutti gli uomini le fossero attorno con voce di ammirazione e di plauso, le pareva di indovinare i dileggi, di sentire le parole d'ironia e di sarcarmo delle donne, le pareva di udire da ogni parte motteggi e frizzi.

Quel supplizio fu breve. Un paggio venne ad annunciare che la festa era sospesa perché le Sacre Corone non potevano in quella sera onorarla con la loro presenza.

Appena Lorenza fu di nuovo nella carrozza che la riconduceva a casa, scoppiò in un pianto dirotto e ripeteva con voce di dolore:

– Gian Martino, tu non mi vuoi bene! E io te ne voglio tanto! –

Gian Martino commosso faceva del suo meglio per consolarla; cercava le parole più affettuose e più tenere; ma niente valeva a calmare quel povero cuore umiliato e offeso.

Tutta quella notte la poverina pianse; pianse sino al mattino, quando finalmente si addormentò.

Allora che si svegliò era alto il sole e Gian Martino non era più in casa. Seppe che era andato in viaggio col re e non sarebbe tornato che dopo alcuni giorni.

Si levò, si coprì alla meglio e andò a nascondersi nel giardino. Ma ella non guardava le nuvole bianche che correvano in mille forme pel cielo azzurro; i suoi occhi, velati dalle lagrime, non seguivano gli uccelletti che volavano per l'aria. E non cantava… Ripensava con amarezza all'umiliazione toccata, tremava tutta al pensiero che Gian Martino non le volesse bene e lagrime ardenti le rigavano le guance e le cadevano sulle mani che teneva strette e raccolte in grembo.

Mentre era così immersa nel suo affanno, sentì un fruscio di rami e un muovere leggero di passi.

Guardò, e vide venire la sua madrina, la buona vecchietta che aveva voce di essere una fata.

– Che hai, mia cara, mia piccola Lorenza? Il tuo visetto è pieno di dolore, perché piangi? –

Lorenza le si buttò al collo con immenso affetto; le raccontò quello che le era accaduto e con voce rotta dai singulti le disse il suo doloroso timore che Gian Martino non le volesse bene, non l'amasse più.

– Non affliggerti, bella mia; tuo marito ha un amore grande per te; ti ama più di se stesso. Ha voluto guarirti dall'inerzia e dall'ozio in cui hai vissuto sin qui. Non vuole più che tu sia la favola di tutti e che per dileggio ti chiamin Cicala. La lezione è stata dura, troppo dura forse per la tua anima non abituata al dolore. Ma sappi che quel ballo non era la festa data dal re. Tu non sei andata al palazzo reale; ma nella casa di un amico e amici che ti vogliono bene erano i pochi intervenuti. Tu stessa devi averli riconosciuti. E poi aggiungi, Lorenza mia, che per una donna è maggior vergogna non voler lavorare che non l'essersi presentata a degli amici vestita come tu eri e ammantata di quel superbo manto di capelli d'oro che ogni regina sarebbe lieta di possedere. Scommetto che la nostra reginella darebbe in cambio tutti i suoi gioielli.

Lorenza cominciò a sorridere.

– Orsù, figliola mia, tu sei buona come bella; lascia le ubbie e incomincia a lavorare. Farai felice il tuo Gian Martino e te più di lui. –

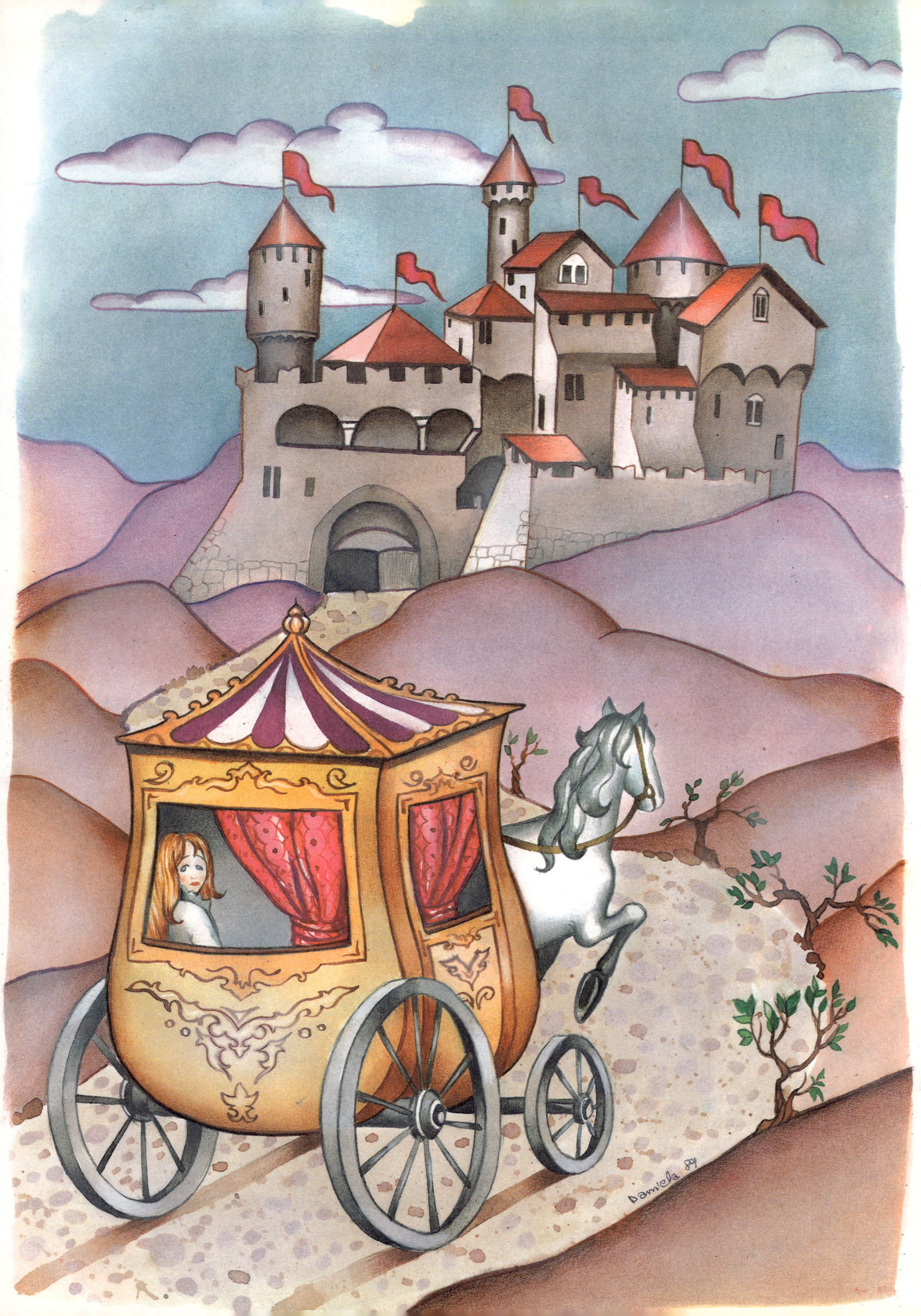
Daniela 84

Detto questo le presentò una scatola con l'occorrente per cucire: erano graziosi oggetti d'argento finemente lavorati dalla mano di un artista gentile.

Ormai Lorenza ricominciava a cantare.

Mentre ella era intenta a infilare il ditale, a provare le forbici, a osservare gli aghi dorati che riempivano l'agoraio, la vecchietta slegava un sacco. E quando cominciò a toglierne finissima tela, trine meravigliose e nastri di seta di ogni colore, Lorenza, battendo le mani, domandò:

– Madrina mia, che vuol dir ciò? Di chi sono queste cose belle? –

E la vecchietta con aria di mistero:

– Il buon Dio ti darà presto un bambino che sarà buono e bello come te, bravo e forte come Gian Martino. Tu stessa dovrai preparare tutto quello che ci vuole per la creatura nuova che viene al mondo. –

Questa volta Lorenza si mise a cantare davvero:

«Vedo i fior, vedo gli augelli,
Tutto è gaudio intorno a me!
Canto ed amo il mio Martino,
Niuno è lieto più di me!»

La buona vecchia la lasciava fare e sorrideva contenta.

Appena Lorenza ebbe un po' sfogata la sua gioia, abbracciando la sua buona fata le disse:

– Madrina cara, voglio un altro regalo: fosti madrina della mia mamma, poi mia. Voglio che tu sia madrina anche del mio bambino. Gli porterai fortuna. –

– E così sia! – rispose la buona donna.

Dopo che Lorenza ebbe osservato ben bene ogni cosa, tutte e due si misero a lavorare; la madrina tagliava e imbastiva, Lorenza cuciva. Camiciole, corpettini, cuffiette, abitucci comparivano bell'e fatti come per incanto.

Man mano che il lavoro progrediva Lorenza si sentiva invadere l'anima da un senso di benessere e di contento, e, nemmeno a dirlo, cantava:

«Il bel fiore del mattino
Nasce insieme alla speranza.
Mesto è il fiore della sera
E ci porta la doglianza.
Lasciam questo, cogliam quello,
Vogliam gioia e non dolor.»

Era il buon genio del lavoro che la riempiva della sua gioiosa serenità.

La madrina se ne avvide e perché, come a tutte le vecchierelle, le piaceva di far le prediche, specie quando erano opportune, cominciò:

«Noi siamo nati a lavorare. Il buon Dio impone il lavoro all'uomo. Lavora il re per governare il suo popolo; lavora il contadino la terra che non produce frutto se non è coltivata. Anche gli animali grandi e piccini lavorano. Quei ricchi che non producono, che passano la vita nell'ozio e negli spassi sono la vergogna del mondo.»

Lorenza ormai capiva che la madrina aveva ragione e si proponeva di lavorare in avvenire anche pel tempo in cui aveva solo cantato.

Voleva diventar la formica, sebbene a bassa voce, in segreta confidenza, dicesse alla madrina che la formica, così nera e scontrosa, le fosse antipatica e le piacesse più la cicala con quelle belle alucce d'argento che brillavano al sole e sempre allegra e canterina.

* * *

Dopo una settimana Gian Martino tornò. Appena Lorenza lo sentì venire gli corse incontro, gli fece gran festa e lo condusse nella camera nuziale.

Sul letto candido erano disposti in bell'ordine tutti gli oggetti minuscoli e leggiadri che Lorenza, con l'aiuto della vecchia madrina, aveva fatto durante l'assenza del marito. Gian Martino confuso e stupito domandò:

– Lorenza, dimmi…? Forse… –

E Lorenza a sua volta con aria solenne di mistero:

– Il buon Dio ci darà presto un bambino buono e bello come me, bravo e forte come te. Me lo ha detto la madrina. Ecco il suo piccolo corredo che io stessa, con l'aiuto di lei, ho cucito mentre tu eri lontano. –

Fu tanta la gioia di Gian Martino che non poté articolare parola. Si teneva stretta stretta sul cuore la sua Lorenza e le copriva la testina d'oro di baci.

Egli pure aveva la sua sorpresa. Andarono in un vecchio guardaroba abbandonato e là Gian Martino aperse un armadio.

Agli occhi di Lorenza apparve tutto il suo corredo: i suoi abiti di sposa, le sue trine, i suoi gioielli erano stati messi là con cura man mano che le erano stati tolti.

– Lorenza, non ti presi le cose tue se non per indurti ad amare il lavoro. Solo il mio grande, profondo, tenero amore non ti tolsi mai. L'umiliazione che ti inflissi fu più dolorosa per me che per te. –

* * *

Dopo alcuni giorni ci fu veramente la festa che il re dava ogni anno alle persone della corte e Lorenza vi andò accompagnata da Gian Martino.

Quanto era bella nel suo abito candido di sposa! Basti dire che al suo apparire nella sala si alzò una voce unanime di ammirazione e tutti le si affollarono intorno per vederla da vicino.

Anche il re, appena arrivò con la corte, volle parlarle; la regina, conquistata da quella grazia ingenua e modesta, si tolse un ricco monile e glielo cinse ella stessa al collo. Il reuccio poi non la lasciò un momento, le stette sempre accanto; e la reginella, prima d'andarsene, le mise sui capelli un filo di perle. Fu un vero omaggio alla bellezza alla quale tutto s'inchina.

Lorenza fu così compensata dell'umiliazione patita, ma perché era buona e il suo cuore accolse docile il pentimento invece del rancore e dell'odio.

* * *

È passato un anno. Lorenza è l'angelo della sua casa, il vanto e la gioia del marito. Lavora, ma non ha rinunciato al canto.

Ora con la sua piccola voce dolce e soave di rosignolo canta la ninna nanna al suo bambino che è buono e bello come lei e sarà bravo e forte come Gian Martino.

«Dormi, bambino,
La testina han nascosto sotto l'ala
La capinera, il fringuello e il cardellino.

Dormi, bambino,
La farfalletta bianca, azzurra e d'oro
Dorme sognando dentro un mugherino.

Dormi, bambino,
Del sol verrà a svegliarti un raggio d'oro,
Il canto degli augei, l'odor dei fiori...
Dormi, bambino...»

Il bimbo dorme nella sua culla candida. E la mamma in un trasporto intenso di amore lo guarda dormire e non canta più... Invoca la benedizione di Dio sulla sua creatura e tace...

Daniela 89

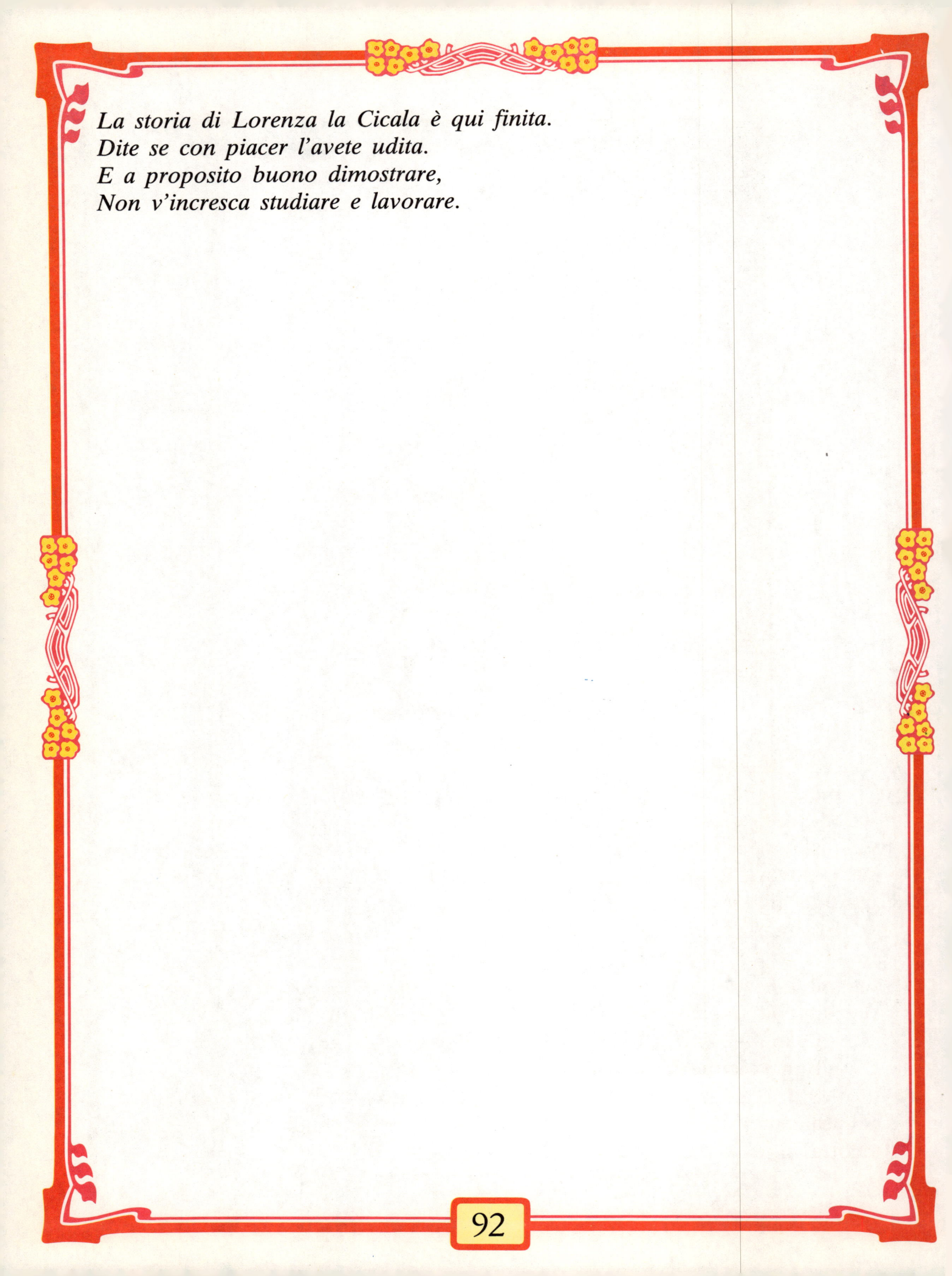

*La storia di Lorenza la Cicala è qui finita.
Dite se con piacer l'avete udita.
E a proposito buono dimostrare,
Non v'incresca studiare e lavorare.*

Giannone il gran portento

Sua madre gli diceva Giovannino, Giovannino, mio; ma la gente lo chiamava Giannone; perché era grande e grosso come uno di quei San Cristofori che i pittori antichi affrescavano sui muri e sui pilastri delle chiese per dar la buona ventura ai condannati.

Faceva il calzolaio – ma così per dire – perché voglia di lavorare non ne aveva punta e adoperava lesina e spago appena appena per quel tanto che gli bastava per fumare tutti i giorni e bere un po' di vino alla domenica. Al resto doveva pensare sua madre, una donnetta bruna e magra che dalla mattina alla sera lavava i panni per le vicine.

Era mattina ed era primavera. Giannone, seduto fuori della bottega, fumava e guardava le rondini e i passerotti volare. Ad un tratto si sentì chiamare e vide Nena, una delle più belle ragazze del paese, che gli stava davanti con un paio di zoccoli in mano e un cesto sotto il braccio. Gli disse:

– Giannone, ho rotto gli zoccoli: volete aggiustarmeli? –

– Ben volentieri, bella Nena! –

– Ma io non ho danaro per pagarvi. Vi accontentate di una ricotta? Guardate com'è fresca. È uscita ora della mani della mamma che per far le ricotte, non fo' per dire, non c'è l'uguale. –

– Vada per la ricotta, rispose Giannone, sarà buona da mangiare con la pattona che mia madre mi porterà per colazione. –

Tra una chiacchiera e un'altra gli zoccoli furono pronti e così belli che parevano nuovi. Nena posò la ricotta sul desco, prese i suoi zoccoletti, salutò Giannone e se ne andò contenta.

Giannone si rimise a fumare e a guardare le rondini e i passerotti volare.

La pipa era vuota e la pattona tardava a venire. Giannone cominciava a sentire certi stiramenti di stomaco che somigliavano all'appetito.

"Se mangiassi intanto la ricotta?!" pensò, e fece per prenderla.

Se non che prima di lui altri avevano voluto godere di quel dolce cibo. La bianca e fresca ricotta era letteralmente coperta di mosche che succhiavano avidamente.

«Ah, bestiacce!» gridò Giannone con rabbia e lasciò cadere su di esse il suo grosso e pesante pugno.

Non c'era più ricotta, non c'eran più mosche, ma solo una poltiglia scura e schifosa.

L'uomo ci rimase male e, tanto per consolarsi, si mise a contare quel gran numero d'insetti che aveva ucciso d'un sol colpo.

Erano precisamente cento, né uno più, né uno meno.

"Ecco la mia fortuna!" disse alzandosi e facendo un salto.

Prese un cartello e con del lucido da scarpe vi scrisse sopra:

«*Son Giannone il gran portento.*
Con un sol colpo ne ammazzo cento!»

Salutò la madre dicendole:

– Addio, mamma mia, vado in cerca di fortuna, vado a scoprire il luogo dove si può mangiare, bere, fumare e stare allegri senza lavorare. Quando avrò trovato quel beato paese verrò a prendere anche voi. –

La povera donna tentò invano di trattenerlo e, quando vide che non c'era modo di smuoverlo, gli riempì le tasche di noci, di castagne e di fichi secchi, gli dette un pezzo di migliaccio con l'uva e i pinoli e l'abbracciò più volte piangendo disperatamente.

* * *

Giannone camminava, camminava pensando ora ad una cosa, ora ad un'altra. Nessuno gli negava ospitalità; ognuno gli dava il meglio che aveva per via della paura di quel cartello. Ma erano campagnoli, poveri contadini che si cibavano solo di polenta, di fagioli e di patate e Giannone di quella roba ne aveva anche a casa sua.

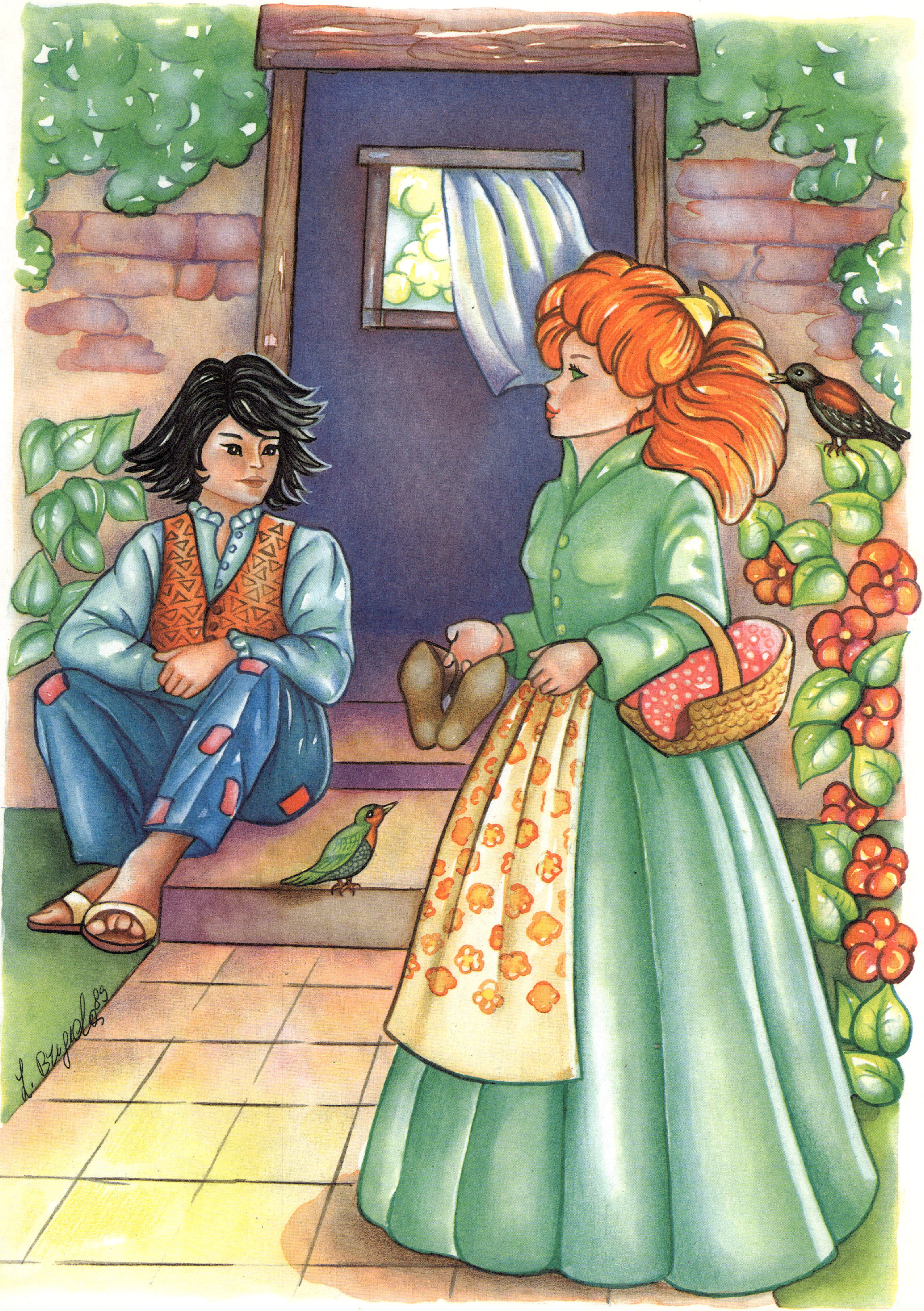

E se ne andava e continuava a cercar miglior fortuna.

Una volta arrivò ad un punto dove la strada finiva in un folto bosco; e poiché il sole volgeva al tramonto, non volle internarsi in quello per tema dei pericoli che si possono incontrare di notte in una macchia.

Se non che non vide case intorno e lo prese un grande sconforto.

Aveva camminato tutto il giorno ed era stanco; aveva freddo ed aveva fame. Seduto sul margine di un fosso con la testa fra le mani, ripensò alla sua buona mamma che gli voleva tanto bene; ripensò alla sua povera casa dove gli parve di essere vissuto così dolcemente; ripensò ai compagni, alle belle ragazze del paese che erano cresciute con lui e gli erano come sorelle e sentì uno struggimento disperato. E quel coso grande e grosso si mise a piangere chiamando la mamma.

Intanto si era fatto notte. Comparve un lume. Giannone a quella vista si consolò dicendosi:

"Se c'è il lume qualcuno l'ha acceso; se c'è qualcuno, ci sarà anche una casa." E si avviò in cerca della casa.

Era questa infatti poco lontana, nascosta fra dei grandi abeti. Bussò; venne ad aprirgli un orco. Giannone ebbe paura dell'orco e l'orco ebbe paura di Giannone per via di quel cartello.

Fu invitato ad entrare, e si vide in un'immensa cucina nera; nel grande camino due tronchi di albero ardevano.

Un'orca girava uno spiedo nel quale era infilato un capretto che mandava intorno un profumo assai delizioso per chi da molte ore non aveva mangiato. L'orco posò sulla tavola un grosso fiasco di vino e tutti e tre si misero a mangiare.

Se non che sulle prime Giannone non era molto tranquillo sul conto di quelle due persone pelose che avevano quei lunghi denti aguzzi e quelle boccacce a muso; che avevano unghiacce che servivano loro di coltello e di forchetta e che lo guardavano con quegli occhiacci felini. Ma poi venne a sapere che l'orco e l'orca erano vecchi e malati, che non avevano più forza e che non potevano più mangiare che polli, agnellini e capretti di latte ben cotti.

Giannone, confortato anche dal cibo e dal molto bere, prese coraggio e si mise a raccontare tali avventure e spavalderie che proprio bisognava essere orchi per crederle.

Il giorno dopo nevicava e quella fu una buona ragione per restare.

La neve continuò a fioccare fitta e lenta per una settimana e Giannone non si mosse. Quando il sole tornò a risplendere, le strade erano così ingombre che non si poteva passare da nessuna parte e a Giannone non

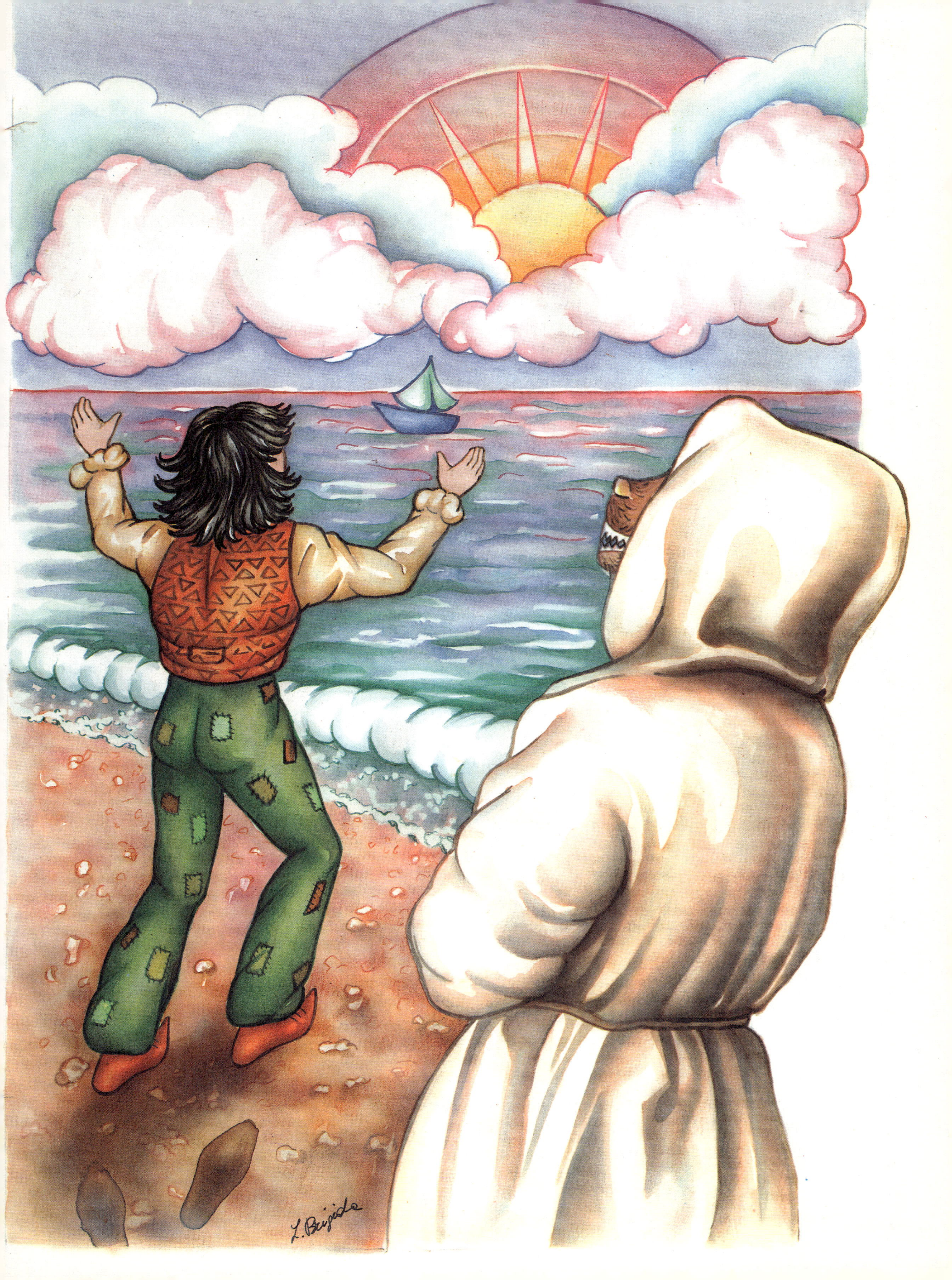
L. Brigida

parve vero di godersi quel nido caldo dove si mangiavano agnelli, polli e capretti, dove si beveva quel buon vino che non finiva mai, dove c'era tabacco in abbondanza e non si lavorava.

Una volta l'Orca gli aveva detto:

– Giannone, tirate il collo a quel tacchino che voglio arrostire per desinare. –

E lui aveva fatto così forte che il corpo della povera bestia era ruzzolato in terra lasciandogli zampe e testa nelle mani.

– Le mie braccia hanno troppa forza! – aveva risposto al rimprovero della vecchia.

E un'altra volta: – Giannone, rigovernate i piatti. –

E lui picchia qua, batti là, ruppe una quantità di stoviglie.

E al brontolare dell'orca rispose: – Le mie mani hanno troppa forza! –

Così Giannone si era accasato dall'orco mangiando e bevendo da gran signore senza far mai nulla di nulla.

Passa un mese, passano due, l'orca finì con lo stancarsi dello scroccone vagabondo e la sera, quando andava a letto, brontolava col marito.

Ma gli orchi hanno la voce grossa, e per quanto parlino piano, si fanno sentire. Giannone che dormiva nella camera di sopra, quando i suoi ospiti avevano spento il lume, toglieva un mattone dal pavimento e ascoltava.

Una volta udì questo dialogo:

– È ora di finirla, marito mio, con quel vagabondo! Mi mangia tutti i frutti dell'orto e fuma il tuo tabacco. –

– Anch'io sono stanco!... Ma è per via di quel cartello! –

– Quel cartello è una fanfaronata per darla ad intendere ai gonzi!!... Mettilo alla prova; domattina conducilo teco al bosco a far legna. Vuoi scommettere che non è buono nemmeno di tagliare uno stecco?!... –

– Ah! se è così gli aggiusto un colpo di scure sulla testa e te lo spaccio in quattro e quattr'otto. –

Fatta questa trovata l'orco e l'orca si addormentarono. Anche Giannone si mise in letto; ma non dormì. Cercava uno stratagemma per sfuggire al pericolo.

La mattina Giannone passeggiava in su e in giù con le mani in tasca, godendosi il primo sole, quando l'orco gli disse:

– Giannone, prendete una scure e venite con me al bosco a fare un po' di legna. –

– Ben volentieri! Ma non ho bisogno di scure io!... –

Non appena furono là l'orco cominciò a menare colpi sui rami secchi di quelle vecchie gigantesche piante. Giannone, invece, presa una lunga corda, si mise a legare gli abeti uno con l'altro.

– Che fate? – domandò l'orco.

– Ma che credete ch'io voglia confondermi a batter colpi di scure? Faccio più presto io! Lego gli alberi insieme e ne abbatto tanti che avrete legna per dieci anni. –

L'orco spaventato lasciò cadere la mannaia gridando:

– Ma voi impazzite!... Ma voi così mi rovinerete il bosco!?... Sono l'uomo del bosco io, e amo questo dove son nato!... –

E tornarono a casa senza far altro.

L'orca stette cheta qualche altra settimana, poi ricominciò a brontolare. Una sera Giannone udì che diceva:

– Marito mio, dammi retta, manda fuori di casa quel poltrone che mi mangia le uova del pollaio e fuma il tuo tabacco!... –

– Ne sono stanco io pure sino agli occhi; ma è per via di quel cartello! –

– Quel cartello è una spampanata per darla ad intendere ai grulli!!... Mettilo alla prova. Domani prendi la tua mazza ferrata che pesa cento libbre e proponigli di fare a chi la lancerà più lontano. Scommetto cento contro uno che non la sa alzare nemmeno da terra! –

– Se sarà vero, gliela batto sulla testa e lo schiaccio come un topo! –

Fatta questa trovata l'orco e l'orca si addormentarono. Giannone pure si coricò; ma non dormì. Tutta la notte cercò uno stratagemma per scongiurare il nuovo pericolo.

La mattina, dopo aver fatto colazione, l'orco gli disse:

– Giannone, venite a fare una passeggiata con me? –

E andarono. Quando furono sulla spiaggia del mare, l'orco maneggiando la sua mazza di ferro che pesava cento libbre, come se fosse stato un fuscello di paglia, diceva:

– Vedete son vecchio; ma della forza ne ho ancora. Proviamo chi di noi due sa lanciare questa mazza più lontano. –

Tirarono a sorte chi di loro doveva essere il primo. Toccò a Giannone.

Egli si mise davanti al mare ad agitare le braccia verso una barca che veleggiava lontano: pareva un mulino a vento.

– Che cosa fate? – gli chiese l'orco.

– Accenno a quella barca di togliersi di mezzo, perché non vorrei colpirla con la mazza. –

– È tanto lontana quella barca! E poi è verso terra che dovete lanciar la mazza. –

– Non c'è spazio sufficiente sulla spiaggia. Quelle case laggiù potrebbero essere in pericolo. Lasciatemela lanciare in mare. –

A quelle parole l'orco sgranò i suoi occhiacci felini esclamando:

– E così la mia bella mazza sarebbe perduta!? –

– Oh no! Non abbiate timore di questo: dopo andrò io stesso a ripescarla; sono un abile nuotatore io!... –

Ma l'orco pensò che quello era veramente un demonio, e non volle saperne di correre il rischio di perdere la sua bella mazza che era appartenuta al bisnonno del suo bisnonno; e in grazia di quell'antichità era un poco fatata.

Anche questa volta si tornò a casa senza aver fatto la prova.

L'orca stette quieta un altro poco: finché una sera Giannone sentì di nuovo borbottare.

– Insomma, marito mio, o in un modo o in un altro bisogna che ci liberiamo di quell'intruso, di quel mascalzone che con la faccia più fresca del mondo mi beve il vino dolce che tengo in serbo per te e fuma il tuo tabacco. –

– Fosse questa notte stessa il potermene liberare!?... Ma è per via di quel cartello!... –

– Persuaditi una buona volta, vecchio mio, che il cartello è una smargiassata per darla ad intendere alle oche. Ad ogni modo bisogna tentare qualche cosa. Senti che ho pensato: domani sera a cena gli metterò nel vino una buona dose di quella polvere che fa dormir sodo, e quando lo sentiremo russare, tu salirai e gli darai giù botte da orbi con la mazza di cento libbre. Vedrai che dopo gli passa la voglia di ammazzarne cento con un colpo. –

Fatta questa bella trovata, l'orco e l'orca si addormentarono.

Anche Giannone si coricò; ma non dormì. Gli si era messa addosso una gran paura e pensava ad una nuovo stratagemma per togliersi ancora una volta d'impiccio. All'alba era in piedi. Fece un fantoccio alto e grosso come lui, pieno di paglia e di legni e lo mise nel suo letto.

A cena riuscì a gettare il vino con la polvere sotto la tavola senza che nessuno se ne accorgesse e chiacchierò più allegramente del solito.

Venuta l'ora di andare a dormire, Giannone salì nella sua stanza; vestì il fantoccio dei suoi abiti, assicurandosi che paresse proprio lui; si nascose sotto il letto e cominciò a russare forte come un mantice.

Ed ecco sentì qualcuno venire... tremava come una foglia al vento. Continuava tuttavia a russare forte, sempre più forte.

L'orco entrò in punta di piedi e, appena fu vicino a lui, giù un colpo così potente che per un poco non spezzò il letto. Giannone, tirando un lungo sbadiglio, brontolò:

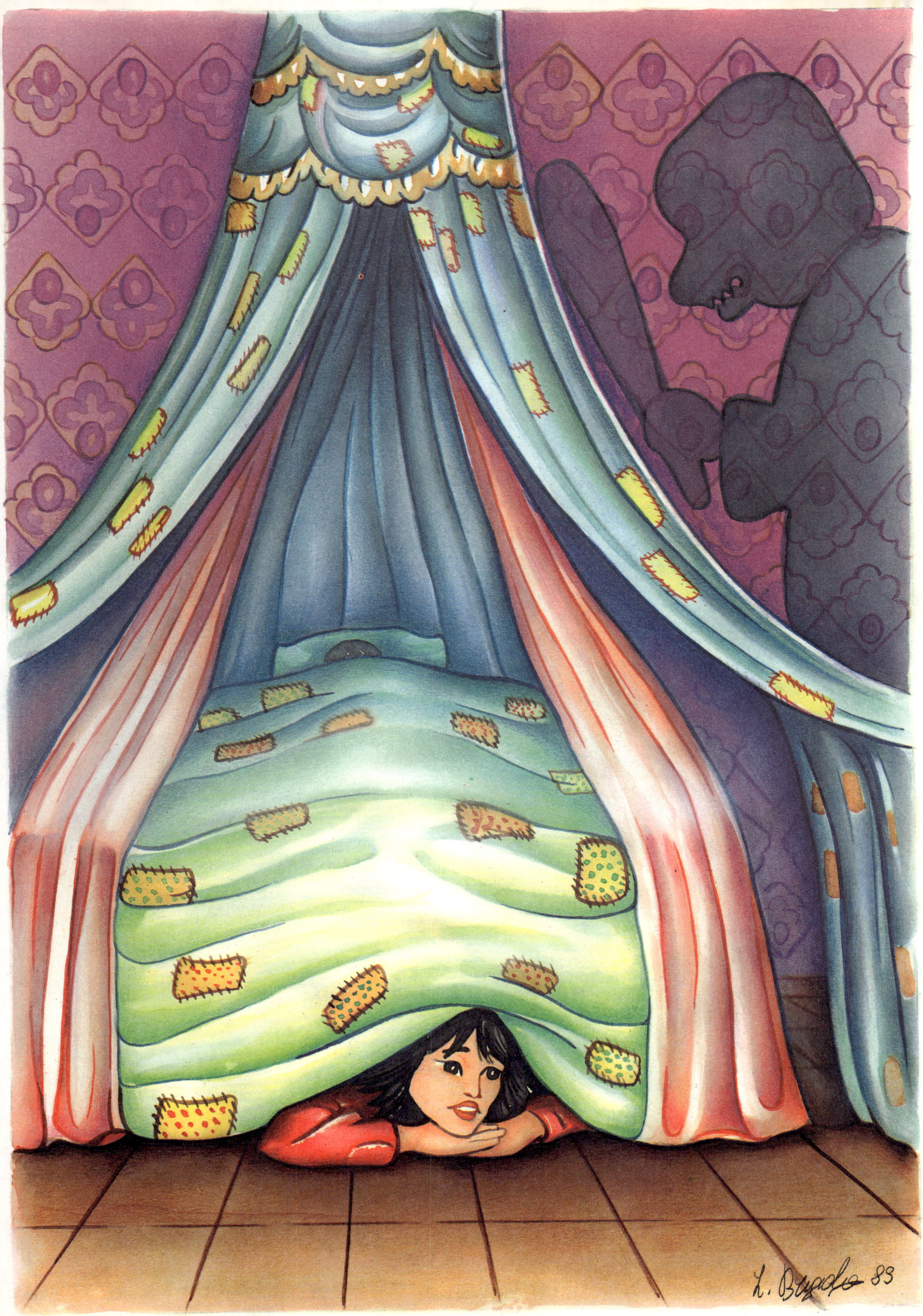

– Ahi! ahi! quante zanzare ci sono stanotte! –

A queste parole l'orco fuggì impaurito e convinto che quello fosse veramente un gran portento come diceva il cartello.

Se non che Giannone capì che in quella casa non spirava più aria per lui; non si sentì più il coraggio di affrontare il malvolere e la furberia dell'orca e, mentre durava la notte, fuggì.

* * *

L'orco e l'orca piangono ancora sulla loro dabbenaggine.

Giannone, persuaso finalmente che in nessuna parte del mondo esiste un luogo dove si può vivere allegramente senza lavorare, è tornato al suo paese e lavora anche pel tempo in cui ha fatto l'ozioso.

Ha sposato Nena; e la sera, quando rientra nella sua casetta e siede a mensa tra la bella sposa e la vecchia buona mamma, si sente davvero contento e felice.

Breve è la storia, lunga è la via.
Dite la vostra che ho detto la mia.

Tredicino

In un luminoso e tiepido mattino di primavera il Re di Gambalunga cavalcava con sua moglie la Regina lungo una strada di campagna. Quelle Sacre Corone avevano i cavalli al passo e conversavano allegramente su cose che non volevano dire alla presenza dei cortigiani che li attorniavano di continuo, quando furono sorpresi dalla vista di un giovanetto che, seduto sotto un albero, si teneva la testa fra le mani e piangeva di un pianto dirotto e doloroso. Un bellissimo cavallo arabo gli era vicino: la povera bestia pareva comprendere il dolore del suo giovane padrone e lo guardava e gli accennava con la testa.

– Chi sei? Perché piangi? – chiese la regina.

Il giovanetto si alzò rispettoso e rispose:

– Sono Lionello, il solo figliolo del re di Trebisonda. La guerra dura da molto tempo. I nemici sono entrati nel regno; han preso la capitale; hanno ucciso il re ed hanno condotta via prigioniera la regina. Povero padre mio! Povera madre mia!..., Un cavaliere fedele mi ha fatto fuggire; perché anche me vogliono far morire. Ma mi inseguiranno da ogni parte e mi troveranno. –

Il re e la regina di Gambalunga confortarono con molta tenerezza il piccolo principe e, fattolo risalire sul cavallo, lo condussero alla reggia con loro.

Appena giunti il re fece chiamare i dodici paggi di corte e, presentando il povero fuggiasco, disse loro:

– Ecco un altro compagno; accoglietelo con festa. È di sangue reale; rispettatelo. È molto infelice; consolatelo e vogliategli bene. –

Ma i dodici paggi di corte non lo videro di buon occhio e, poiché era il tredicesimo, lo chiamarono Tredicino. E Tredicino fu il nuovo nome del principe Lionello.

In breve Tredicino fu l'idolo di tutta la corte. Perché era il più intelligente, il più attivo e il più bravo, il re lo prediligeva a tutti; perché era il più buono e il più bello, la regina gli voleva bene come a un figliolo. La reginella Fiordalisa nelle sue ore di ricreazione lo voleva sempre a giocare con lei, e quando andava alla passeggiata, era sempre Tredicino che doveva accompagnarla.

Come erano belli insieme quei due fanciulli biondi! Lei di continuo allegra e sorridente, lui abitualmente pensieroso e mesto. Quando passavano a cavallo eleganti e leggeri per le vie della città la gente si fermava a guardarli e ne provava un sereno contento.

Tutto ciò non piaceva ai dodici paggi di corte che si rodevano per invidia. Cominciarono a congiurare contro Tredicino ed a studiare il modo e la maniera di perderlo.

* * *

Il cavallo prediletto del re si ammalò di un male misterioso che nessuno seppe curare: la povera bestia, che era il più bel cavallo che si fosse mai visto, intelligente come un uomo e affezionato al suo padrone come un amico, morì. Il re ebbe un gran dolore.

Per vedere di consolarlo i suoi cavalieri vollero dargli un altro cavallo; ma si ebbe un bel domandare, un bel cercare; si ebbe un bell'andare a tutte le fiere; nessuno aveva le qualità che il re voleva.

Ci sarebbe stata la sorella del bell'animale morto; ma essa era posseduta dall'uomo selvatico che era il terrore di tutto il vicinato e, di poterla avere, non c'era neppur da pensare.

E il re rifiutava di montare un altro cavallo. Non faceva più passeggiate, altro che in carrozza con la regina e la reginella.

Una mattina il più scaltro dei dodici paggi si presentò al re dicendo:

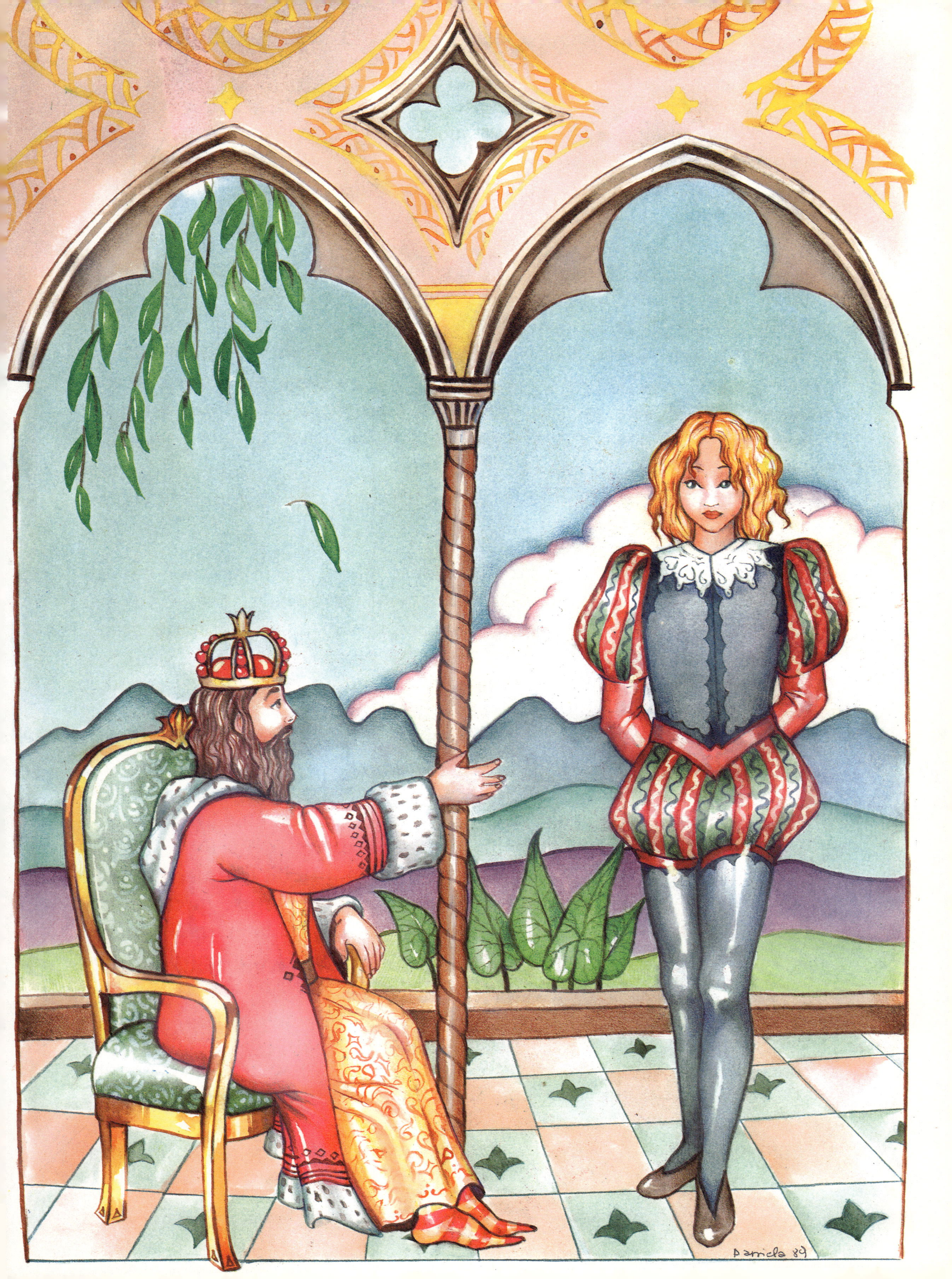

– Sacra Corona, Tredicino ha detto che per il gran bene che vi vuole, se voi glielo comandate, sarà capace di portarvi la cavalla bianca ferrata d'argento dell'uomo selvatico. –

Il re fece subito chiamar Tredicino e, quando l'ebbe alla sua presenza, accarezzandogli i lunghi riccioli d'oro, così gli parlò:

– Non mi aspettavo meno da te, generoso ragazzo. Il tuo è veramente un cuore di re. Portami dunque la cavalla bianca ferrata d'argento dell'uomo selvatico ed io ti darò una bella ricompensa. Intanto ecco una borsa d'oro per tutto ciò che ti può occorrere.

Tredicino non seppe che rispondere, sorrise mesto, s'inchinò ed uscì. Egli aveva capito il tiro che i dodici paggi gli avevano fatto.

Per tutto quel giorno, per tutta quella notte pensò. Appena il cielo cominciò ad imbiancare, prese il suo bel cavallo arabo e veloce e leggero partì.

Tornò che era già sera, appunto all'ora di mettersi a tavola. Mangiò con appetito e fu coi compagni un poco più allegro e loquace del solito. Dopo cena andò in cucina e disse al cuoco:

– Per domani mattina ben presto mi devi preparare una grande pentola di tortelli ben conditi, fatti in modo che restino sempre caldi; tre grosse oche arrostite allo spiedo, ben salate e bene impepate; aggiungerai tre grandi formaggi di quelli piccanti che fanno bere volentieri. –

Il cuoco che gli voleva un bene dell'anima, promise tutto e gli fece mangiare certi pasticcini con le frutta, usciti allora allora dal forno, che erano una delizia. Tredicino gli regalò una bella moneta d'oro fiammante e poi andò dal cantiniere.

A questo ordinò un barile di vino moscato molto dolce e molto generoso. Anche a lui regalò una bella moneta d'oro nuova di zecca.

All'alba Tredicino era in piedi. Sopra un carretto, tirato da un bel somarello grigio, accomodò la grande pentola coi tortelli, le tre grosse oche arrostite, i tre formaggi, il barile di moscato dolce e si mise in cammino.

Cammina, cammina, arrivò al luogo dove era custodita la cavalla bianca coi ferri d'argento, che ancora non era mezzogiorno. I tre figli dell'uomo selvatico facevano la guardia: ognuno di essi aveva appeso al collo una delle tre chiavi che ci volevano per aprire la porta della stalla.

Tredicino tolse il coperchio alla pentola dei tortelli e ne uscì un vapore caldo, odoroso di burro e di cacio; scoperse le tre grosse oche arrostite che mandarono un profumo così appetitoso che avrebbe fatto mangiare un morto; spinse avanti il ciuchino e si nascose sopra un albero folto.

Quando i tre ometti selvatici si videro davanti tutta quell'abbondanza,

Daniela 89

credettero di essere nel paese di cuccagna e non esitarono un istante.

S'impadronirono del carretto e si misero a mangiare e bere con una avidità degna proprio di gente selvatica. Quando ebbero mangiato tutti i tortelli, quando ebbero rosicchiato fin l'ultimo osso delle tre oche, quando non ebbero più nemmeno una briciola di formaggio ed ebbero vuotato il barile, sentirono che la testa girava, che le gambe parevano diventate di cencio e che avevano un gran sonno. Dopo poco si addormentarono così profondamente che nemmeno il rombo del cannone li avrebbe svegliati.

Appena Tredicino sentì che quei tre facevano a chi russava più forte, scese dall'albero, s'impadronì delle tre chiavi, aperse la stalla, slegò la cavalla, la montò e via come il vento.

Quando i dodici paggi di corte videro Tredicino tornare di corsa sulla cavalla bianca ferrata d'argento dell'uomo selvatico e fermarsi a caracollare sotto il balcone del re, ebbero una gran rabbia.

Ma il re, la regina e la reginella, che erano nel giardino a passeggiare, gli andarono incontro facendogli ogni sorta di accoglienze festose.

Il re volle subito montare il bellissimo animale. A vederlo cavalcare così contento e con tanta bravura pareva ridiventato un giovanetto.

Tredicino fu nominato capitano dei paggi di corte e cavaliere della reginella.

I dodici paggi si rodevano dall'invidia e cominciarono un'altra volta a cercare il modo e la maniera di perdere Tredicino.

* * *

La regina aveva una salute molto delicata; era per lo più fra il letto e il lettuccio e spesso malata gravemente. Per farla star bene ci sarebbe voluto una certa coperta che una buona fata aveva ricamato con le mani d'oro: sotto quella coperta incantata si stava sempre sani e non si diventava mai vecchi.

Se non che essa era sul letto dell'uomo selvatico e di poterla avere non c'era neppur da pensare. La coltre meravigliosa aveva tutt'intorno una frangia di campanellini d'argento che solo a toccarli suonavano e, quando suonava uno, suonavan tutti: facevano una musica indiavolata.

Il più scaltro dei dodici paggi di corte si presentò di nuovo al re dicendo:

— Sacra Corona, Tredicino ha detto che, per il gran bene che vuole alla regina, se voi glielo comandate, gli basta l'animo di andare a prendere la coperta incantata dai campanelli d'argento che è sul letto dell'uomo selvatico. —

Il re, al colmo della gioia, fece chiamar subito Tredicino e, quando l'ebbe alla sua presenza, accarezzandogli i bei capelli biondi, gli disse:

– Tu sei davvero la provvidenza della mia casa: a me sapesti dare la gioia di possedere la bella cavalla bianca ferrata d'argento; alla regina, che amo più di me stesso, darai la salute procurandole la coperta incantata. Nessun dono potrà compensarti abbastanza. Ecco una borsa d'oro e prendi nella reggia tutto quello che ti abbisognerà. –

Il povero Tredicino non seppe che rispondere; sorrise mestamente, s'inchinò al re ed uscì. Sapeva da che parte aveva soffiato il vento.

Questa volta conosceva già come andavano le cose nella casa dell'uomo selvatico e si preparò subito a partire.

Comprò delle stoffe ricamate con cento colori, dei velluti ornati di pagliuzze d'oro, delle collane e dei braccialetti lucenti, degli orecchini che scintillavano, dei fazzoletti rossi, gialli, verdi, turchini, dei nastri di ogni tinta, dei ninnoli curiosi e ne riempì due cofani che caricò su un altro asinello grigio che aveva una bella striscia nera sul dorso.

Vestito come un rivendugliolo ambulante si mise in cammino alla volta della casa dell'uomo selvatico e vi giunse che il mezzogiorno era ancora lontano.

Quando fu sicuro che la brutta e malvagia creatura era uscita coi figli in cerca di preda e che essi non sarebbero tornati che a buio, legò il ciuchino ad un albero, prese uno dei cofani e andò sotto le finestre della casa selvatica a gridar la sua merce.

La moglie dell'omaccio era una mora che andava pazza per i colori vivaci e per le cose lucenti e, nemmeno a dirlo, corse subito giù a vedere quegli oggetti che Tredicino faceva sfavillare al sole.

Tredicino capì che le piacevano molto e che ne aveva una gran voglia: era proprio quello che voleva lui. Disse alla donna:

– Tutto questo è nulla: il meglio l'ho lasciato in un luogo poco lontano di qui; là ho delle cose che vi farebbero bella come il sole; nessuna donna potrebbe starvi a confronto. Venite, venite a vedere. –

La mora, vanitosa com'era, si lasciò condurre fino all'asino, lontano un bel tratto dalla casa. Tredicino aperse un'altra cassetta che conteneva le cose più belle, ornò di quelle la donna, poi le mise in mano uno specchio perché ci si potesse vedere; e quella spalancava tanto d'occhi e si pavoneggiava tutta.

– Scegliete con comodo tutto quello che vi piace, sul prezzo ci intenderemo ad ogni modo; io intanto vado al paese a sbrigare alcune faccende; in meno d'un'ora sarò di ritorno; anzi vi farò una bella sorpresa. –

La mora accondiscese, felice di potersi divertire con tutte quelle belle cose e più di ammirarsi nello specchio. Nessuno sa vedere la propria bruttezza.

Tredicino, vuotato uno dei cofani, se lo mise sotto il braccio, corse via lesto, tornò alla casa ed entrò nella camera dell'uomo selvatico.

La bella coperta di seta ricamata era là sul letto ancor fresca e lucente come se fosse uscita allora allora dalle mani d'oro della buona fata.

Con della bambagia, di che aveva piene le tasche, si mise ad imbottire i campanellini di argento della coperta incantata. I campanellini vuoti suonavano quando si sentivan toccati; ma la donna nera era troppo lontana per poterli udire. Quando tutti i campanelli furono pieni e non poterono più suonare, Tredicino prese la coltre, la piegò ben bene, la mise nel cofano che si caricò sulle spalle e via di corsa.

Ad un certo punto un servitore con due cavalli era ad aspettarlo. Montarono in sella e via. Nemmeno il vento li avrebbe raggiunti.

Quando i dodici paggi di corte videro tornar Tredicino con la coperta incantata dai campanellini d'argento, ebbero a morire di rabbia e d'invidia.

Il re, la regina e la reginella gli fecero anche più feste dell'altra volta. La regina volle baciarlo in fronte.

Tredicino fu nominato gran ciambellano di corte e cavaliere della regina.

I dodici paggi non poterono proprio darsi pace e si stillarono ancora il cervello per trovare il modo e la maniera di perdere Tredicino.

* * *

L'uomo selvatico diventava sempre più dannoso alla popolazione; non si accontentava più di rapire i prodotti dei campi e i migliori capi di bestiame: qualche bambino era scomparso. Le famiglie della campagna vivevano in continua trepidazione.

Il re mise fuori un bando che prometteva un gran premio a chi gli avesse portato l'uomo feroce vivo o morto; ma nessuno ardiva di muovere contro la gente della casa selvatica.

Il più scaltro dei dodici paggi di corte si presentò al re dicendo:

– Sacra Corona, Tredicino ha detto che per il gran bene che vuole alla famiglia reale e a tutto il paese, se voi glielo comandate, gli basta l'anima di far prigioniero l'uomo selvatico e di portarlo sulla piazza davanti al palazzo reale. –

Il re fece chiamar subito Tredicino, e quando l'ebbe alla sua presenza, accarezzandogli la testolina bionda che pareva di un angelo, gli disse:

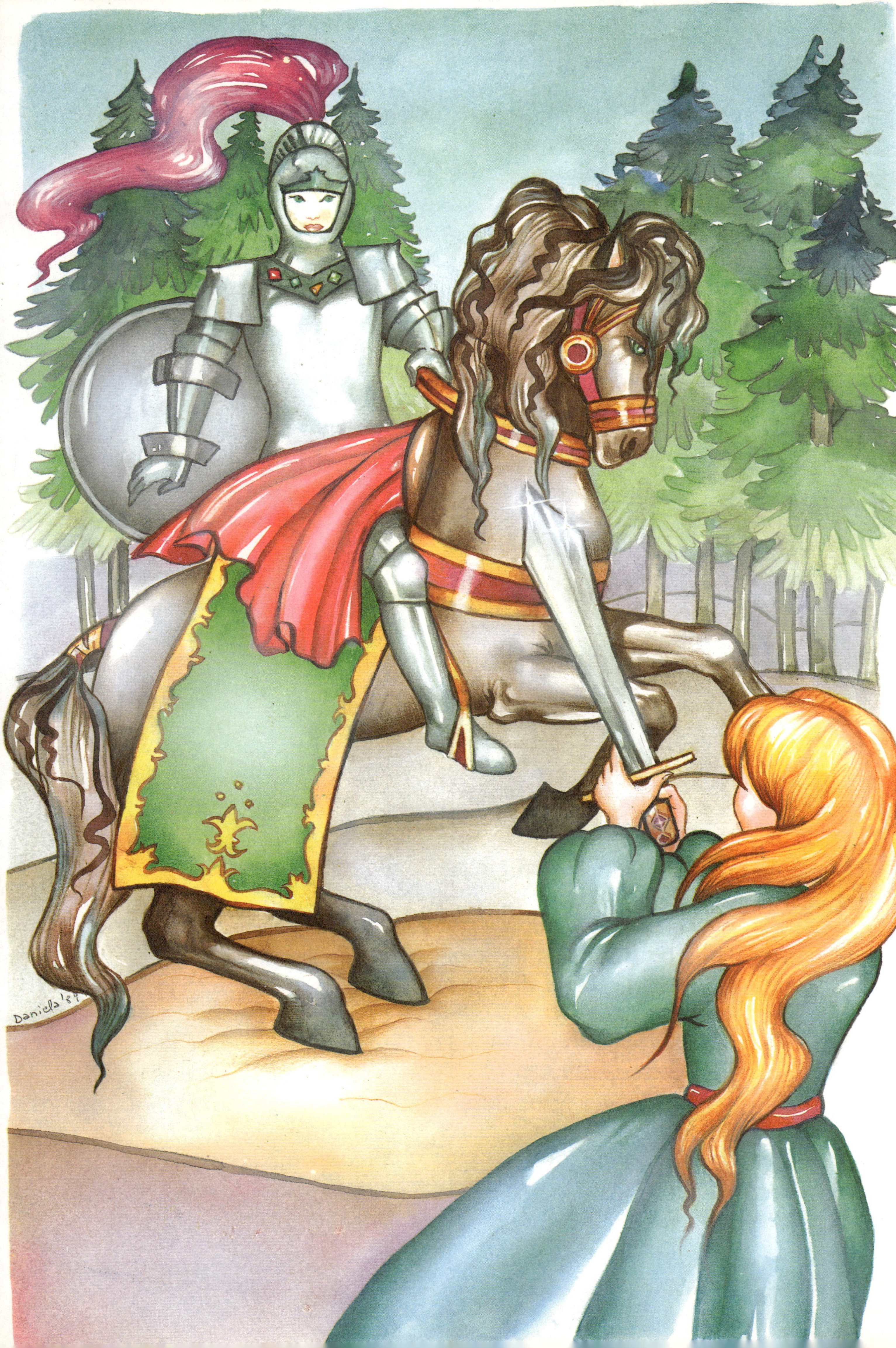
Daniela '87

– Veramente tu sei il più meritevole dei miei sudditi! Sono sicuro che la tua intelligenza e il tuo coraggio ti faranno superare qualunque ostacolo, qualunque pericolo. Va' dunque; e, quando mi porterai legato l'uomo selvatico, vivo o morto, domanda ciò che vorrai e lo avrai e non temere di chieder troppo. Ecco una borsa d'oro: provvedi a tutto quello che crederai necessario alla pericolosa impresa. –

Tredicino non rispose, fece un profondo inchino sorridendo mesto ed accorato uscì. Anche questa volta conobbe da qual diavolo veniva la farina.

Dopo aver investigato attorno alla casa selvatica, seppe che, in un dato giorno, la mora andava coi figli a trovare un'orca sua comare che abitava molto lontano e che l'uomo selvatico restava solo.

Si travestì da operaio, si riempì le tasche di lime, di succhielli, di chiodi e di arnesi di ogni genere; una pialla gli penzolava davanti; un martello gli pendeva dietro le spalle; sotto il braccio aveva una gran sega.

Così acconciato andò presso il bosco dove l'uomo selvatico faceva legna e si mise a cantare più forte che poteva:

«*Morto! Morto è Tredicino*
Il famoso birichino
Che rubava le cavalle
Ben guardate nelle stalle.
Che portava via dai letti
I lavori più perfetti.
Chi mi dona una bell'assa
Per potergli far la cassa?»

Quando l'uomo selvatico sentì che Tredicino era morto, si diede a saltare e a ballare dalla contentezza; e correndo dietro al falegname, urlò:

– Oh, galantuomo! venite qui; prendete quello che volete. Per seppellire quella birba darei tutto il legname del mio bosco. –

Tredicino si mise a lavorare di lena. Dopo un poco, facendo le viste di parlare a se stesso, cominciò a dire:

"Bisogna lavorar svelti e far presto. Tredicino è fatto di carne diavolina, e se non arriviamo a seppellirlo prima di notte, c'è caso che domani ce lo vediamo davanti più vivo di prima."

L'uomo selvatico non intese a sordo; prese anche lui sega, pialla e martello e lavorò con una furia che pareva Vulcano quando fabbricava i fulmini a Giove.

In breve la cassa fu pronta e Tredicino osservò:

– Sarebbe bella che, dopo aver tanto lavorato, la cassa non andasse bene. Il monello aveva presso a poco la vostra statura e, ora che osservo, mi pare che per voi sarebbe corta. Vogliamo allungarla di una spanna? –

– Proviamola prima di guastarla –, disse l'uomo selvatico che aveva una gran fretta di mettere Tredicino un buon braccio sotto terra, ed entrò bocconi nella cassa.

Non appena Tredicino lo vide ben dentro, giù il coperchio e lui sopra a batter chiodi. L'uomo selvatico urlava e lui martellava. Quando fu ben sicuro del fatto suo, legò la cassa stretta con delle corde, se la caricò sulle spalle e via.

Ad un certo punto poco lontano un servo lo aspettava con un carro.

* * *

Il sole era ancora alto allorché la cassa, seguita dal popolo, arrivò in mezzo alla piazza. Fu subito circondata da cento soldati armati. Si slegarono le corde, si levò il coperchio. L'uomo selvatico era morto e fu mostrato alla folla che ruppe in urla di gioia ed entusiastiche acclamazioni pel fanciullo biondo che aveva liberato il paese da quel gran flagello. Tredicino fu portato in trionfo.

Il re, con la regina, la reginella e tutta la corte lo aspettava nella grande sala del trono e, quando l'ebbe alla sua presenza, gli disse solenne:

– Generoso, valoroso principe Lionello, tu hai reso grandi servigi a me ed al paese. Tutto ciò che chiederai ti sarà concesso: non temere di domandar troppo. –

Il giovane principe sorrise mesto alla reginella; guardò la regina; poi, fermando gli occhi sul re, disse con voce ferma e chiara:

– Sacra Corona, vi domando cento cavalieri valorosi e fedeli i quali mi aiutino a riconquistare il regno di mio padre e a liberare dalla schiavitù mia madre. –

Tutti volevano seguire Tredicino ed, invece di cento, mille guerrieri forti, valorosi e fedeli partirono con lui.

Il re gli regalò un'armatura d'acciaio superbamente lavorata da un grande artefice; la regina gli dette uno scudo artisticamente sbalzato che nessun'arma avrebbe potuto forare; Fiordalisa, con gli occhi pieni di lagrime, gli mise in mano una spada dall'impugnatura d'oro che un artista gentile aveva cesellata e tempestata di pietre preziose, dicendogli:

– Ti porti benedizione e fortuna, principe Lionello. Ti aspetto coronato di gloriosa vittoria. –

Anche i dodici paggi di corte cominciarono a vergognarsi della loro malignità; ognuno volle dargli un ricordo. Tredicino li abbracciò buono ad uno ad uno sorridendo mesto.

Quando il principe Lionello, bello come una speranza, partì alla testa dei suoi mille cavalieri, tutti acclamavano; tutti piangevano; le donne gettavano fiori.

* * *

Nel regno di Trebisonda il re usurpatore opprimeva duramente il popolo vinto che mordeva, con senso di ribellione nascosta, il freno. Ovunque si ordivano congiure e non si aspettava che il giovine principe Lionello per farlo duce e rompere in piena rivolta. Così che, appena Tredicino si presentò alla frontiera, centinaia e migliaia di uomini armati lo seguirono.

Egli, valoroso e forte, conquistò una città dopo l'altra, passando di vittoria in vittoria.

Già quasi tutto il regno era ritornato nelle sue mani, quando a poche miglia dalla capitale, gli venne incontro il re nemico con un poderoso esercito.

Si combatté una furiosa battaglia che durò dall'alba al tramonto. Ci fu un momento in cui non si seppe da qual parte sarebbe stata la vittoria. Ma Lionello sul suo cavallo bianco, superbamente bello e biondo come un arcangelo, volava ovunque la battaglia infieriva più sanguinosa; tutti rianimava; in tutti infondeva quel coraggio che ad ogni costo sa vincere.

La vittoria piena, gloriosa fu sua. L'esercito nemico in fuga, il re prigioniero.

Lionello entrò trionfante nella capitale tra il suo popolo che l'acclamava frenetico.

Il regno di Trebisonda era tolto per sempre alla schiavitù dell'oppressore ed era libero e unito sotto il suo legittimo re che avrebbe seguito le buone e miti tradizioni paterne.

La bella regina era liberata. Ella stessa davanti al popolo esultante posò la corona di re sulla testa bionda del suo figliolo.

* * *

Intanto nel regno di Gambalunga passavano le settimane, passavano i mesi e non si sapeva più nulla di Tredicino e dei mille cavalieri che l'avevano seguito.

Daniela 89

La reginella si era fatta malinconica; diventava sempre più pallida e silenziosa. Il re e la regina, anch'essi addolorati, non sapevano più che cosa inventare per distrarla.

La fanciulla reale passava tutte le sue giornate su un alto balcone e non voleva altra compagnia che il superbo levriero di Tredicino e il bel soriano bianco che il dolce amico le aveva donato. Aveva davanti la sua rocca d'oro; ma il filo di seta non si avvolgeva nel fuso. La bella filatrice guardava lontano.

Una mattina, laggiù in fondo alla valle, qualche cosa scintillava al sole. Il cuore della principessa cominciò a battere forte forte. Ella guardava, guardava, guardava sempre e sorrideva.

Quando fu sicura che né gli occhi, né il cuore l'avevano ingannata, corse dal re e dalla regina ad annunziare l'arrivo di Tredicino.

* * *

Tutte le case erano imbandierate, tutte le campane suonavano a doppio, tutte le musiche suonavano inni di vittoria, quando Tredicino, a fianco della madre, seguito da cavalieri e da paggi entrava nella città.

Il re, la regina e la reginella di Gambalunga con tutta la corte erano ad incontrare i sovrani di Trebisonda. Le accoglienze furono solenni. Il popolo festoso acclamava e gettava fiori al passare della lunga ed imponente cavalcata.

* * *

La folla era accalcata nella piazza della reggia.

Si aperse il gran balcone. Si udirono tre squilli di tromba. Il primo ministro annunziò al popolo il matrimonio di Lionello, re di Trebisonda, con Fiordalisa, reginella di Gambalunga.

Urla di gioia scoppiarono; tutti piangevano di contento.

I sovrani dovettero ripetutamente mostrarsi alla popolazione.

Come erano belli lassù quei due principi biondi e sorridenti di felicità!

E si dieder feste e cene a più non posso.
Ed a me non toccò neanche un osso.
M'avean dato una zampa di gallina,
Me la rubò una gatta biricchina.

Il linguaggio dei fiori

Un sussurro vago, indistinto, flebile, armonioso, quale musica divina, incanta lo spirito, lo inebria, lo commuove di una commozione ineffabile, delicata come la carezza della mamma e dà al cuore sensazioni squisite di bontà e di purezza.
È il linguaggio dei fiori.

Dopo le ultime pioggerelle di marzo, dopo l'ultima raffica rabbiosa del vento invernale, fa timidamente capolino, fra mille foglioline tremolanti, la violetta gentile, pudica e casta; col suo soave effluvio ci parla della primavera vicina, le cui corolle schiudentesi al tiepido raggio di sole, alla carezza morbida e lieve del primo alito primaverile, parlano anch'esse della bontà e bellezza di Colui che volle dare una più fulgida armonia al Creato ed una più pura gioia alle creature.

Ed ecco le umili margherite il campo, di civettuolo mughetto, il miosotis piccolino e delicato che narrano di ricordi lontani, di amori trascorsi ma non obliati. Col caldo raggio del sole di estate arriva esultante la bella, profumata, superba rosa rossa a cespugli; la loro breve vita ci insegna la caducità della bellezza, della superbia, della vanità; ed ancora giungono in una gloria di luce, in una gamma di colori i garofani dalle tinte smaglianti, orgogliosi del loro gentile profumo, i gigli conturbanti, i fiori d'arancio simbolici ed altri ancora, ed ognuno di essi parla il proprio linguaggio misterioso di purezza, di bellezza, di umiltà.

E finalmente, coi primi grigiori giunge il malinconico e pur simpatico crisantemo che ci rammenta i nostri affetti perduti ma non spenti, le nostre speranze cadute coi sogni e le illusioni, la vita che fugge, la gioia che ci attende.

O fiori di ogni colore, di ogni profumo, che parlate un arcano linguaggio all'anima esultante o triste, che allietate nei giorni più felici e ci confortate nei momenti più mesti, a Voi, gentili fiori, il mio riconoscente saluto.

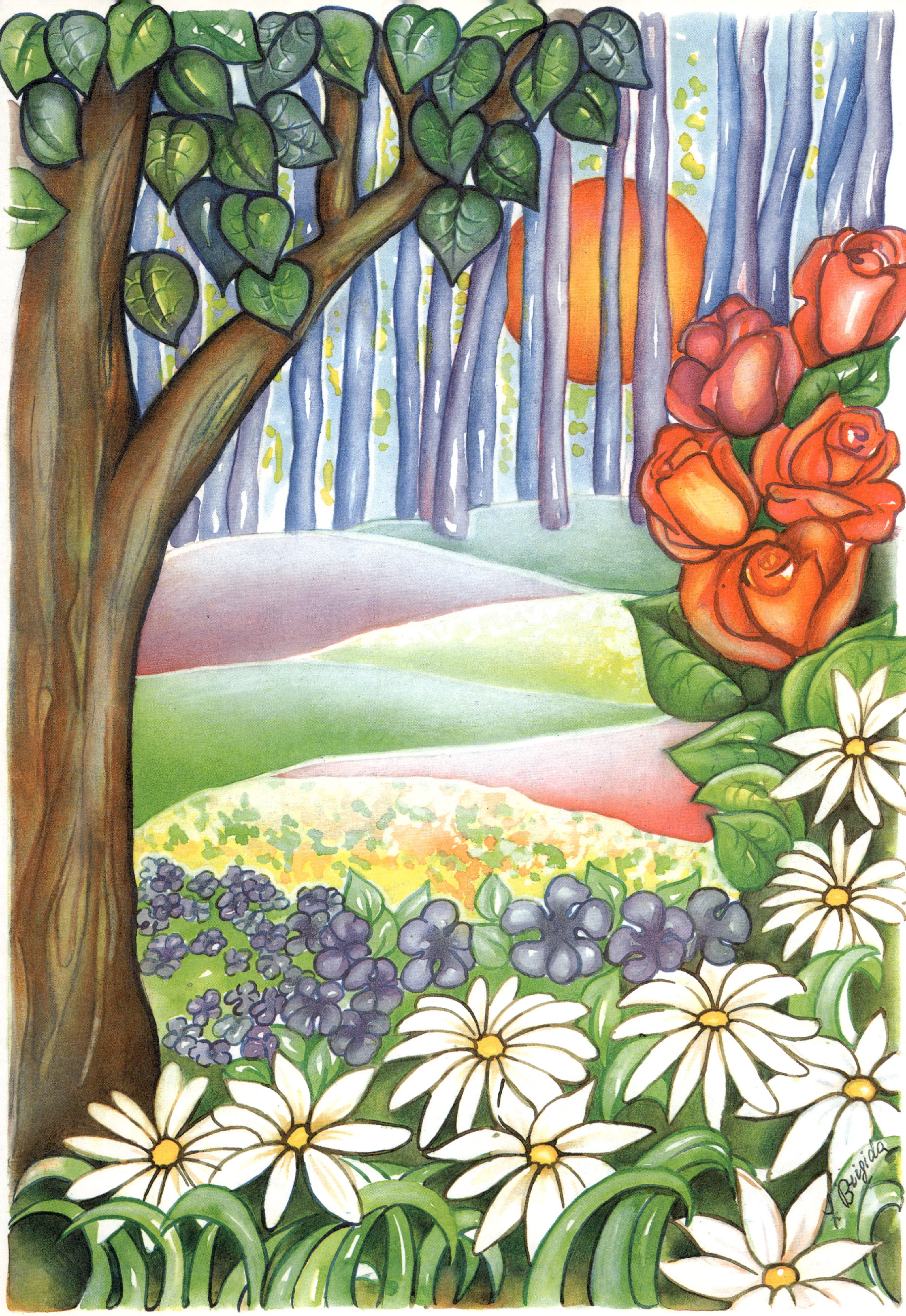

Storiella della monetina d'argento

In una grande città di un lontano Paese esisteva una fabbrica di monete: una zecca.
   Un giorno da quella zecca uscì una piccola moneta d'argento che subito cominciò a saltare e, tintinnando, disse:
– Voglio andare per il mondo, voglio vedere tutto ciò che succede nel mondo, lontano da qui. –
E ci andò veramente.
Passò dalle calde manine dei bambini alle fredde e viscide mani degli avari; i vecchi la tenevano stretta stretta, mentre i giovani la rimettevano subito in circolazione, spendendola presto e senza riflettere.
Per caso, un giorno, in un paese straniero, un signore se la trovò tra le mani ed esclamò:
– Toh! Una moneta d'argento del mio paese! – e la rimise nel borsellino insieme alle altre monete.
Lontana dal suo paese, la monetina si sentì estranea in mezzo alle altre e un giorno che il borsellino era aperto, scivolò per vedere cosa succedeva fuori; cadde a terra senza che nessuno si accorgesse di lei. Dopo qualche ora passò un uomo che la vide, la prese e disse:

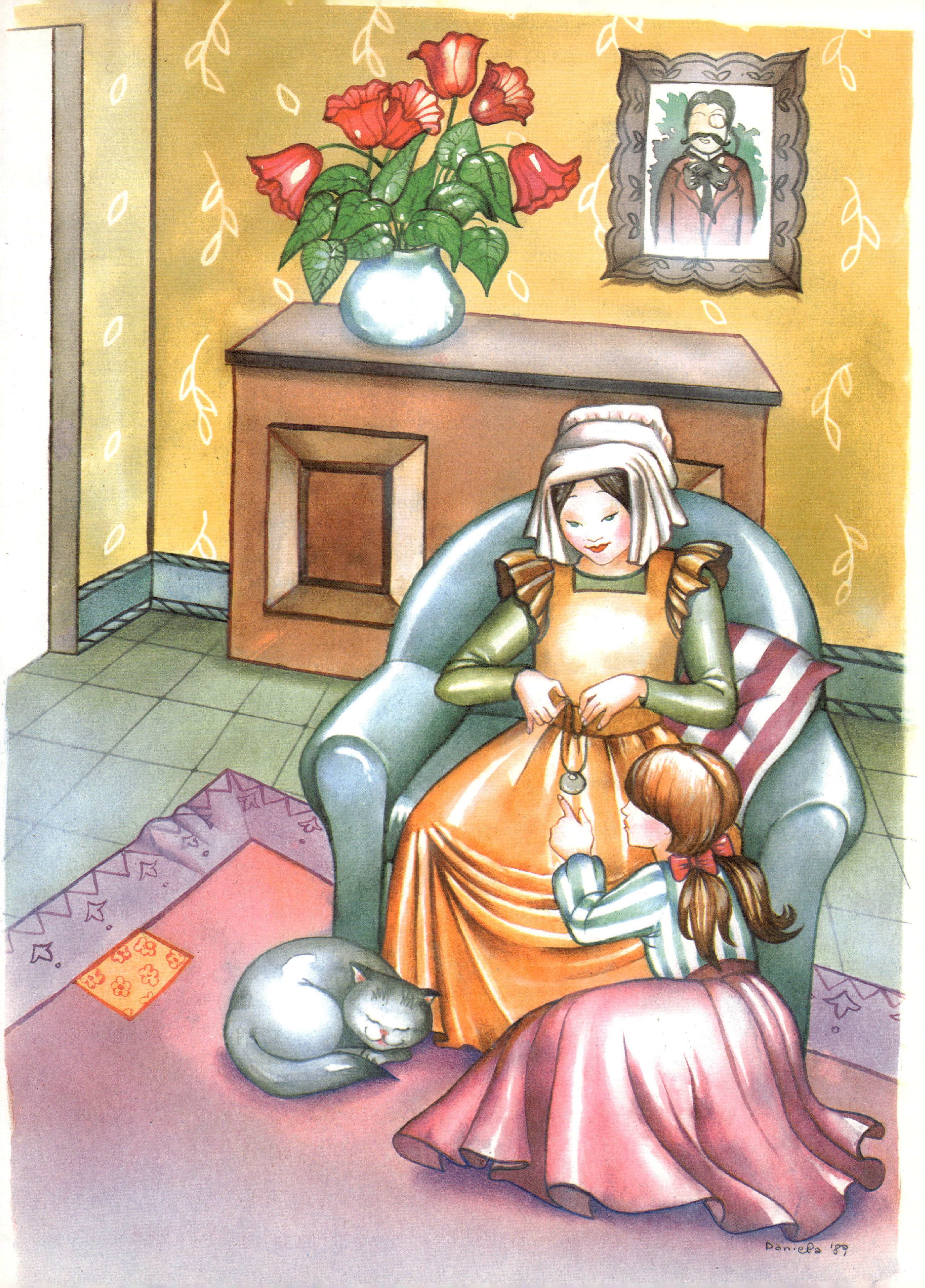
Daniela '89

– «Ma che razza di moneta è mai questa? Non è delle nostre! È falsa! – e si affrettò a sbarazzarsene.

Incominciò così la sua odissea.

Quelle parole fecero tanto male alla monetina.

– È falsa! Non vale niente! – Essa sapeva di essere di puro argento e perfetta come conio. Quelle persone si sbagliavano; non dovevano parlare male di lei; e dire che era falsa e che non valeva niente.

Un tale che l'aveva avuta per sbaglio disse:

– «Appena è buio bisogna che cerchi di darla via. – E così fece.

Qualcun altro la prese e, di nascosto, riuscì a spacciarla. Passò di mano in mano.

Un giorno una povera donna che l'aveva avuta in compenso, dopo aver faticato a pulire una casa, non riuscì a darla via e fu per lei una vera disgrazia. Pensò a come fare:

"Non posso tenermi una moneta che non vale niente, la darò al fornaio che lui saprà come disfarsene." Ma il fornaio furbo si accorse che era una misera moneta fuori corso e non volle accettarla. La poveretta la riprese e la riportò a casa: la osservò con gentile delicatezza e disse: "No! Non voglio più truffare nessuno. Ma se ci penso bene questa monetina potrebbe essere un portafortuna. Farò un bel buco nel mezzo, così tutti sapranno che è falsa." Fece nel mezzo un buco, vi infilò una catenina e la diede alla figlia della vicina di casa come portafortuna. La bambina prese la monetina insieme alla catenina e l'appese al collo. Il portafortuna riposò tranquillo sul petto di una piccola innocente.

La mattina dopo, la madre della piccina la prese e l'osservò; staccò la catenina esclamando:

"Che razza di portafortuna: ora vedremo!" Tuffata nell'aceto la moneta diventò verde. Allora la donna chiuse il buco con del mastice, la lucidò un po' e, giunta la sera, col buio, andò a comperare un biglietto della lotteria che, secondo lei, avrebbe dovuto portarle fortuna.

Forse la monetina aveva paura di passare per falsa e di essere ancora gettata via; invece non fu così.

Siccome davanti al botteghino c'era molta gente che comperava i biglietti, quando toccò alla donna, il venditore prese la moneta e la gettò – senza osservarla – insieme alle altre. Però il giorno dopo accortosi che era… falsa, riuscì a darla via.

Passò molto tempo e la povera moneta continuò a passare da uno all'altro, sempre malvista: nessuno si fidava di tenerla.

Dopo tanto vagare senza alcuna mèta, capitò nelle mani di un viaggiatore straniero che, prendendola per moneta corrente, volle darla via, ma anche lui si sentì dire:

«Non vale nulla! È falsa!»

Allora l'osservò ben bene ed ad un tratto sorrise, esclamando: "Ma questa è una moneta d'argento del mio Paese, un'onesta moneta nostra. Toh! Le hanno fatto un buco perché credevano che fosse falsa! Voglio tenerla e riportarla in patria."

Finalmente la monetina sentì dire che era buona e onesta e finalmente sarebbe ritornata a casa!

Venne avvolta in una sottile carta bianca e tenuta come un gioiello. Coloro ai quali il suo possessore la mostrava, dicevano che era bella ed interessante.

Era d'argento e di buona lega ed il conio era vero e giusto. Ora non doveva più avere vergogna se le avevano fatto un buco nel mezzo, ritenendola falsa.

E giunse infine a casa. Tutto il male e le pene sofferte da parte di tante persone svanirono e iniziò la sua felicità!

È proprio vero:

Non bisogna mai disperarsi nella vita! La giustizia prima o poi trionfa sempre e di questo tutti sono pienamente persuasi e convinti.

L'ultima perla

Giorno di gioia e solennità nella bellissima villa. I padroni avevano invitato parenti e amici per festeggiare la nascita dell'erede.

L'atmosfera era piena di allegria ed i genitori erano felici.

La cameretta dove riposava il neonato era avvolta nella penombra e tanto era il silenzio che perfino la balia s'era addormentata.

Sopra il letto dove riposava il bambino, in seno alla mamma, c'era lo Spirito della casa che stava a guardia ed inoltre una rete di stelle scintillanti: una vera meraviglia!

Ciascuna delle stelle era una perla di felicità ed ognuna delle Fate buone intervenute aveva portato il dono al neonato: la perla della salute, quella della gioia, della ricchezza, dell'amore; insomma tutto ciò che si può desiderare nella vita.

– «Ringraziando tutti, al piccolo non manca nulla. – disse lo Spirito della casa.

Improvvisamente una voce vicina (era quella dell'Angelo Custode del bambino) esclamò:

– «No! Una Fata non ha portato ancora il suo dono, ma senz'altro lo porterà, anche se in ritardo, perché manca l'ultima perla. –

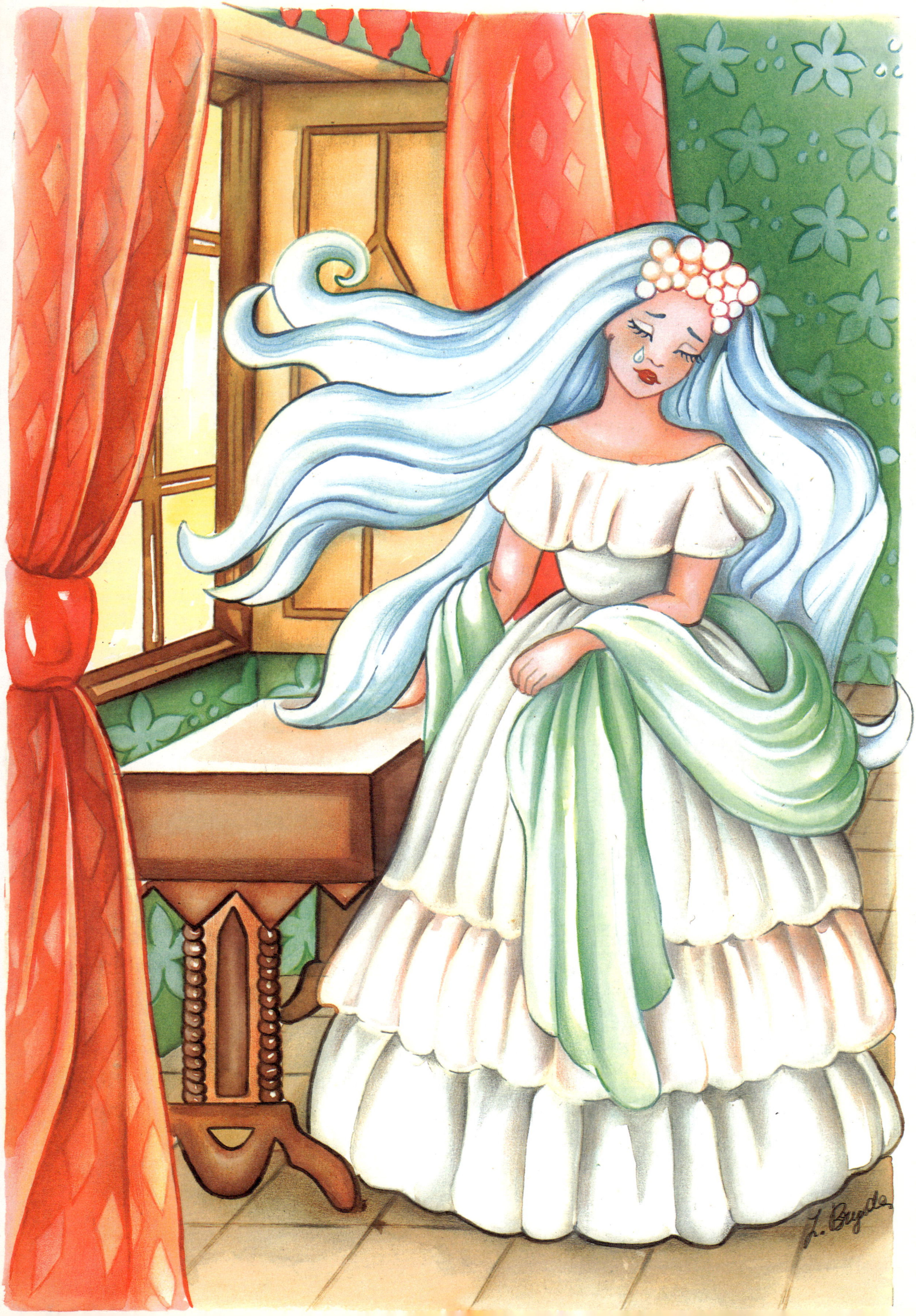

– «Qui non deve mancare nulla! Andiamo a cercare quella Fata! –
– No! No! Essa verrà certamente. La sua perla non manca mai per completare la corona. –
– Ma dove abita? Dillo che andrò io a prendere la perla mancante! –
Allora il Buon Angelo continuò: – Va bene. Ti porterò da lei; non ha una dimora fissa; va da un castello di ricchi alla più misera capanna; porta a tutti, nessuno escluso, il suo dono come ricordo, che può essere una cosa grande e meravigliosa, come un misero giocattolo. Ma non temere, prima o poi verrà anche qui. Però se vuoi, possiamo noi andare a prendere la perla mancante. –

Ed insieme si avviarono verso il luogo dove credevano di trovare la Fata. Dopo non molto lo rinvennero: era una strana casa con corridoi oscuri, stanze vuote ed un grande silenzio regnava intorno.

Giunsero in una grande camera, in mezzo alla quale c'era una bara scoperta dove giaceva, morta, una giovane donna. Era tutta cosparsa di bellissime rose fresche; soltanto le sottili e bianche mani ed il pallido viso erano scoperti. Accanto c'erano il marito ed i figli che davano l'addio all'amata consorte e mamma. Erano tutti in lacrime. C'era molto silenzio tutt'intorno, silenzio che racchiudeva un mondo di dolore. E con tale animo, rotto dai singhiozzi, dopo un po', tutti si allontanarono, mentre gli addetti chiudevano la cassa. Alla fine, lo Spirito della casa fortunata chiese al buon Angelo: – Dove mi porti? Qui non ci sono Fate che abbiano perle da distribuire tra i migliori doni della vita. –

– Sì! – rispose il buon Angelo – la Fata è qui! Guarda: quello è il vano della finestra dove stava la donna quando era viva, accanto al suo tavolo di lavoro, sorridente al marito ed ai figli: era il raggio di sole, tutto il sostegno dei suoi cari. Ora al suo posto c'è la Fata del Dolore, signora della casa. Osservala bene; lo vedi? la lacrima che le cade in grembo si tramuta in splendente perla. –

Il buon Angelo attese un attimo, quindi riprese:
– «Questa è l'ultima perla che manca alla corona e che mette in valore la purezza e lo splendore delle altre perle; ha i colori dell'arcobaleno che congiunge la terra al cielo.

Per ciascuno dei nostri cari che muore, in cielo abbiamo un amico verso cui si alzano i nostri desideri. Osserva bene questa ultima perla: in essa sono ripiegate le ali che ci faranno uscire da qui, le stesse ali che ci porteranno in alto, molto in alto, lassù, in Cielo. –

Dopo qualche giorno la Fata arrivò alla casa del neonato e portò il suo dono: l'ultima perla.

L'Angelo

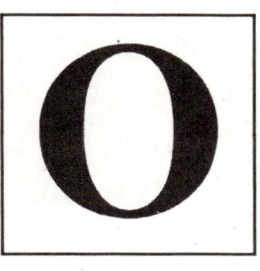

Ogni volta che muore un bambino, un Angelo azzurro scende dal Cielo sulla terra, lo prende tra le braccia, apre le ali bianche, vola sui luoghi cari al bambino, raccoglie dei fiori per donarli al Signore perché li faccia rifiorire ancor più belli che sulla terra.

Il Signore dà un bacio ad un fiore, che acquista la voce e gli è concesso di unirsi al coro della Beatitudine.

Ciò raccontava l'Angelo mentre portava in cielo un bambino morto, attraversando i luoghi dove questo era vissuto ed aveva giocato in un giardino con tanti fiori.

L'Angelo gli chiese:
– Quali fiori vogliamo cogliere per trapiantarli in cielo? –
Accanto c'era un magnifico rosaio, ma qualche persona malvagia aveva spezzato i rami ancora freschi e carichi di boccioli chiusi che poi si erano essiccati.

Il bambino rivolgendosi all'Angelo disse:
– Povero rosaio. Prendilo e portalo al Signore perché lo faccia rifiorire! –
L'Angelo prese il rosaio e, commosso per tanta gentile premura, baciò il bambino; quindi insieme raccolsero tanti altri fiori.

Venne la notte e tutto era silenzio; i due, vagando per la città, si spinsero in un vicolo stretto: per terra c'erano sparse delle immondizie. L'Angelo indicò al bambino – in mezzo a tutta quella sporcizia – un vaso di fiori rotto e, fuori dal vaso, una piccola pianta secca, ma che aveva ancora vivo un fiore di campo. Era stato gettato via perché ormai non valeva più niente.

– Prendiamo la pianta. – disse l'Angelo – Volando ti racconterò tutto. – E continuò:

– Laggiù, in quel vicolo, in una casa povera e sporca, viveva un povero ragazzo molto malato. Era sempre stato male e, quando si sentiva un po' meglio e riusciva a stare in piedi sulle stampelle, girava per la misera stanza.

Durante l'estate, per pochi giorni, i raggi del sole arrivavano per circa mezz'ora al suo stanzino ed allora il poveretto si metteva alla finestra per godersi quegli istanti di calore solare e diceva a se stesso: "Oh, finalmente il bambino è stato fuori!"

Un giorno di primavera un ragazzo accanto gli portò un mazzo di fiori campestri e, tra questi, ce n'era uno con le radici; fu trapiantato in un vaso e subito si riprese, germogliando e mettendo dei boccioli.

Per il bambino malato quella pianta era come un bel giardino fiorito: l'annaffiava dedicando tutte le cure possibili e le faceva prendere il poco sole che arrivava alla finestra.

Quel povero fiore sembrava crescesse solo per il bambino, allietandogli la vista. Ed il malatino volse a lui l'ultimo sguardo prima di morire.

Trascorse un anno dalla morte del bambino e la pianta rimase alla finestra, dimenticata e trascurata; si seccò e poi qualcuno la buttò via.

Questa è la storia di questo povero fiore secco che tanta gioia diede ad un bambino ammalato.

Il ragazzino chiese all'angelo, che lo portava in cielo: «Ma tu, come mai sai tutte queste cose?»

– Le so, le so – rispose l'Angelo – perché ero io il piccolo ammalato che camminava con le stampelle. Figurati se non devo conoscere il mio fiore! –

In quel momento i due si trovarono in cielo, davanti al Signore che strinse al cuore il bambino; prese tutti i fiori, ma baciò soltanto il misero fiorellino di campo, il fiore secco.

Ed ecco, improvvisamente spuntarono anche al bimbo le ali come all'Angelo: egli ne fu felice e, insieme a tutti gli altri Angeli, volò intorno al Signore, osannandolo.

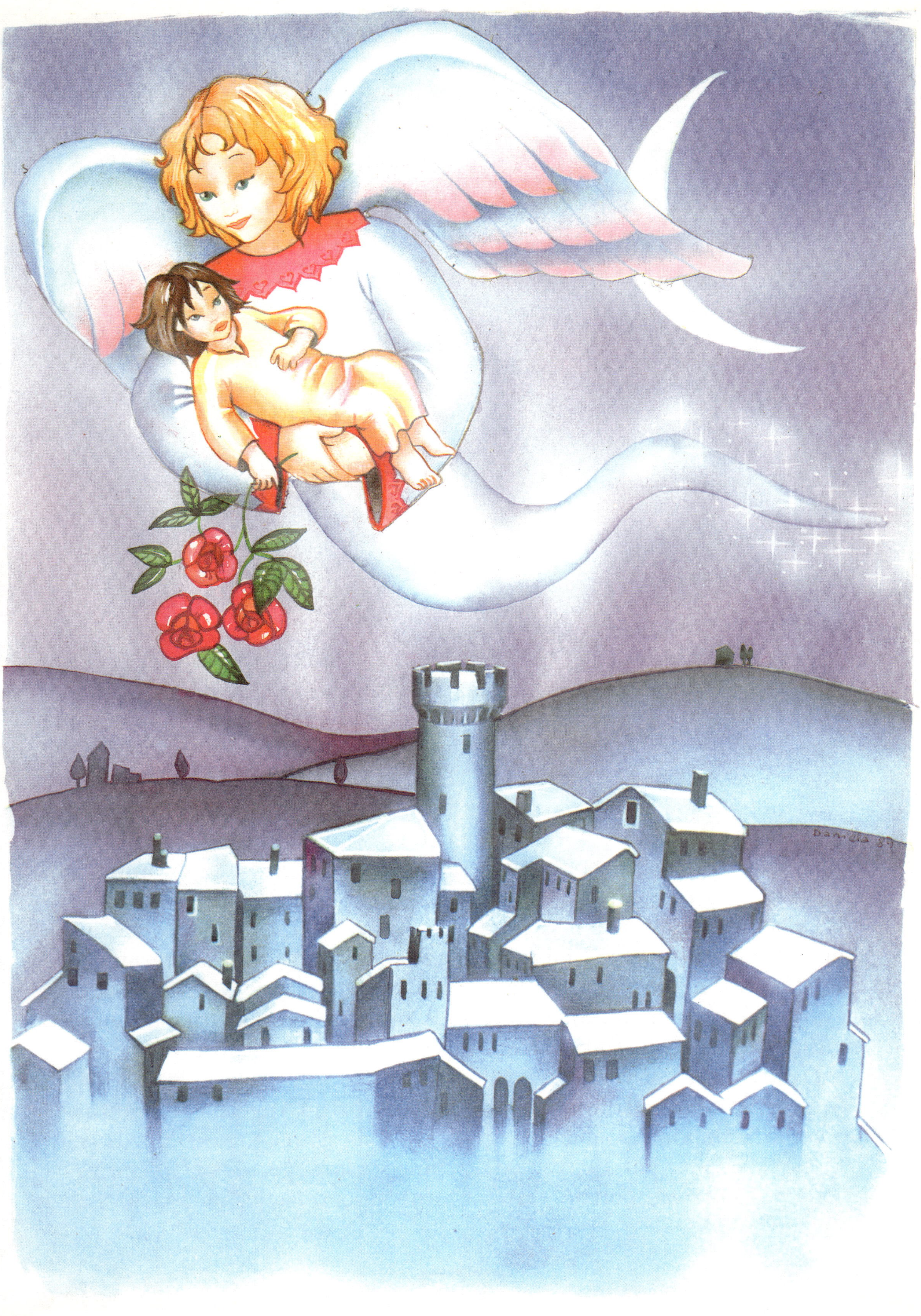
Daniela 89

Le tre melarance

C'era una volta un principe che, durante una caccia, avendo ucciso un uccello bianchissimo, rimase impressionato del contrasto che il sangue sgorgante faceva sul bianco delle piume. Decise di andare alla ventura; in cerca di una principessa che avesse le guance bianche come la neve e rosse come il sangue.

Lasciò la reggia insieme ad un suo fido scudiero. Un giorno, avendo aiutato una vecchina, seppe che, per avere la fanciulla di neve, era necessario possedere tre melarance.

Il giovane non si spaventò: deciso a superare qualsiasi prova pur di ottenere ciò che voleva, si rimise in viaggio e riuscì a penetrare in un palazzo pieno di incantesimi e appropriarsi delle tre melarance.

Felice ed impaziente, appena fu lontano aprì una melarancia dorata e vide uscirne una bellissima fanciulla dalla guance di neve e di rose.

– Dammi una goccia di acqua! – chiese.

Si trovavano in una zona arida e deserta ed il principe non potè accontentarla; allora la fanciulla sparì nell'aria come fosse stata di veli.

Il giovane, spaventato, cavalcò a lungo senza decidersi ad aprire la seconda melarancia, perché tutto intorno non esisteva alcuna sorgente d'acqua.

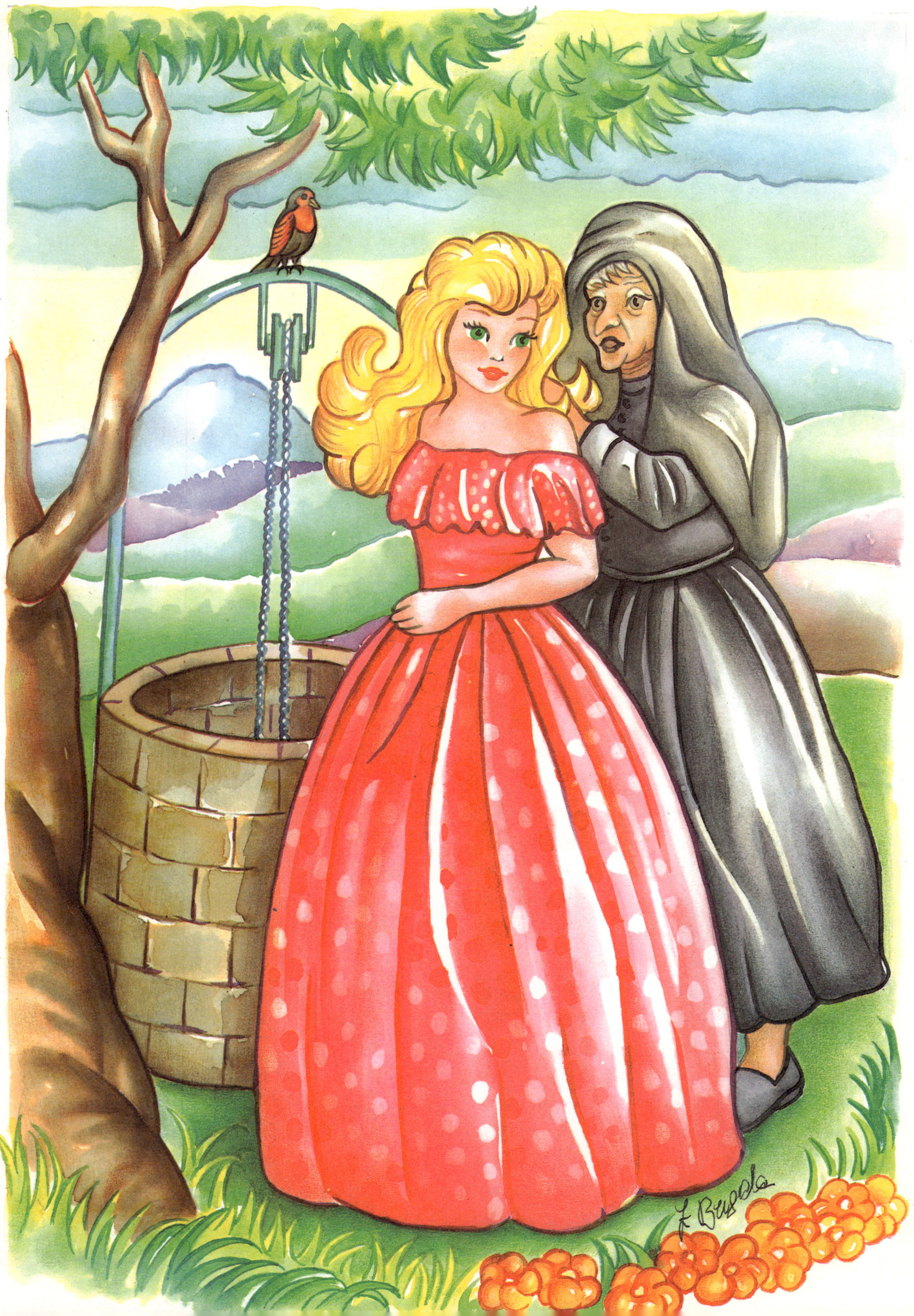

Alla fine, non potendo resistere, aprì il secondo frutto e da esso uscì un'altra bella fanciulla, anche lei bianca e rosa come la prima.

– Dammi una goccia d'acqua! – mormorò.

Il principe si sentì serrare il cuore non potendo dissetarla e questa, come la prima, dileguò nell'aria.

Da allora decise di essere più saggio; e cavalcò per tanti altri giorni, finché giunse vicino ad una fontana dalle acque cristalline. Si decise allora ed aprì l'ultima melarancia e vide uscirne una meravigliosa fanciulla dalle guance di neve e di rose.

– Dammi una goccia d'acqua! – disse.

Il principe gliela porse, facendo coppa con le mani e la fanciulla rimase stupefatta e bevette.

– Tu sarai la mia sposa – disse il giovane alla fanciulla.

E desiderando condurla nel suo regno con un grande corteo, la pregò di aspettarlo presso la fonte, mentre egli si recava a prendere la carrozza ed i cavalli.

La fanciulla acconsentì e si mise a sedere sull'orlo della fontana; era sola da un po' di tempo quando passò una brutta donna vestita di nero che si fermò a conversare con la ragazza.

Quando la vecchia strega seppe che questa era in attesa del principe, ebbe un'idea selvaggia.

– Che bei capelli che hai! Lasciati pettinare – disse.

La fanciulla acconsentì e la brutta e cattiva megera, mentre le lisciava le chiome, le conficcò uno spillo in un orecchio.

Ben presto questa si trasformò in una colomba bianca e la strega malvagia si adornò con vesti ricchissime, mettendosi a sedere sull'orlo della fontana, al posto della fanciulla.

Quando il principe ritornò, vedendo quella brutta faccia, sussultò.

– Non badare al mio colore ed alla mia bruttezza: il sole mi ha ridotta così. Conducimi alla reggia: le mie gote ritorneranno di rose e di neve. –

Il giovane rimase perplesso: ma poiché la fanciulla gli era venuta per incantesimo, pensò che anche quello fosse un incanto che si sarebbe sciolto abitando nella reggia. E la condusse alla capitale, dove aveva ordinato grandi festeggiamenti.

E questi ebbero luogo e tutto il popolo rimase quasi trasognato vedendo un così bel giovane sposo ad una donna così brutta e nera.

Nessuno sapevo darsi pace. Solo il principe, fiducioso in un improvviso incantesimo, attendeva tranquillo.

Il cuoco della reggia intanto, mentre era intento a preparare lo sfarzoso pranzo delle nozze, vide posarsi sulla finestra della cucina una colomba bianca e sentì questa nenia:

«*Ninna, nanna*
bravo cuoco
lascia fare tutto
al fuoco.»

Il povero uomo, cullato da quella dolce nenia, fu preso da un profondo sonno e l'arrosto bruciò. Ed ecco allora che la colomba volò sulla tavola imbandita per il banchetto e si pose, con un battito di ali, davanti al principe e si lasciò prendere ed accarezzare.

– Che bella colomba – disse osservando la testina candida ed inquieta.

La strega rossa di rabbia e nera di aspetto, promessa sposa del principe, presa da improvvisa paura strillò:

– Lasciala andare, non toccarla! –

Ma il principe si accorse che una capocchia di spillo spuntava dalla testina dell'uccello e subito lo estrasse.

La colomba si trasformò immediatamente nella meravigliosa fanciulla della melarancia ed il principe subito la riconobbe dal sorriso e dalla guancia di neve e di rosa.

Questa narrò il tradimento della vecchia megera, che fu subito condannata.

Dopo qualche giorno si celebrarono le nozze dei due giovani che vissero felici e contenti per tanti e tanti anni ed ebbero tanti bei figli.

Le ranocchie

Un giorno una famiglia fu invitata ad una festa. Tutti i componenti vi parteciparono, tranne una figlia che volle rimanere a casa da sola.
Verso sera ricevette la visita di un'amica che non vedeva da molto tempo.

L'ospite era uno spirito del bosco che aveva preso le sembianze dell'amica, per meglio riuscire nelle sue insidie. Appreso il motivo per cui era rimasta sola in casa, la visitatrice si offrì di farle compagnia.

Mentre erano intente a parlare del più e del meno, era già buio, udirono gracidare delle rane. La fanciulla chiese all'amica se le piacevano le rane come cibo e, appreso che erano la sua passione, propose di uscire insieme a prenderne un po'.

Nel buio si separarono; dopo qualche tempo cominciarono a chiamarsi, chiedendosi a vicenda quante rane avevano preso.

Lo spirito del bosco rispose:

– Molte, ma le mangio appena le prendo. –

Udendo che l'amica mangiava le rane crude, la fanciulla si spaventò e ad un tratto capì la vera natura della visitatrice. Quando quest'ultima gridò:

– Quante ne hai prese? –

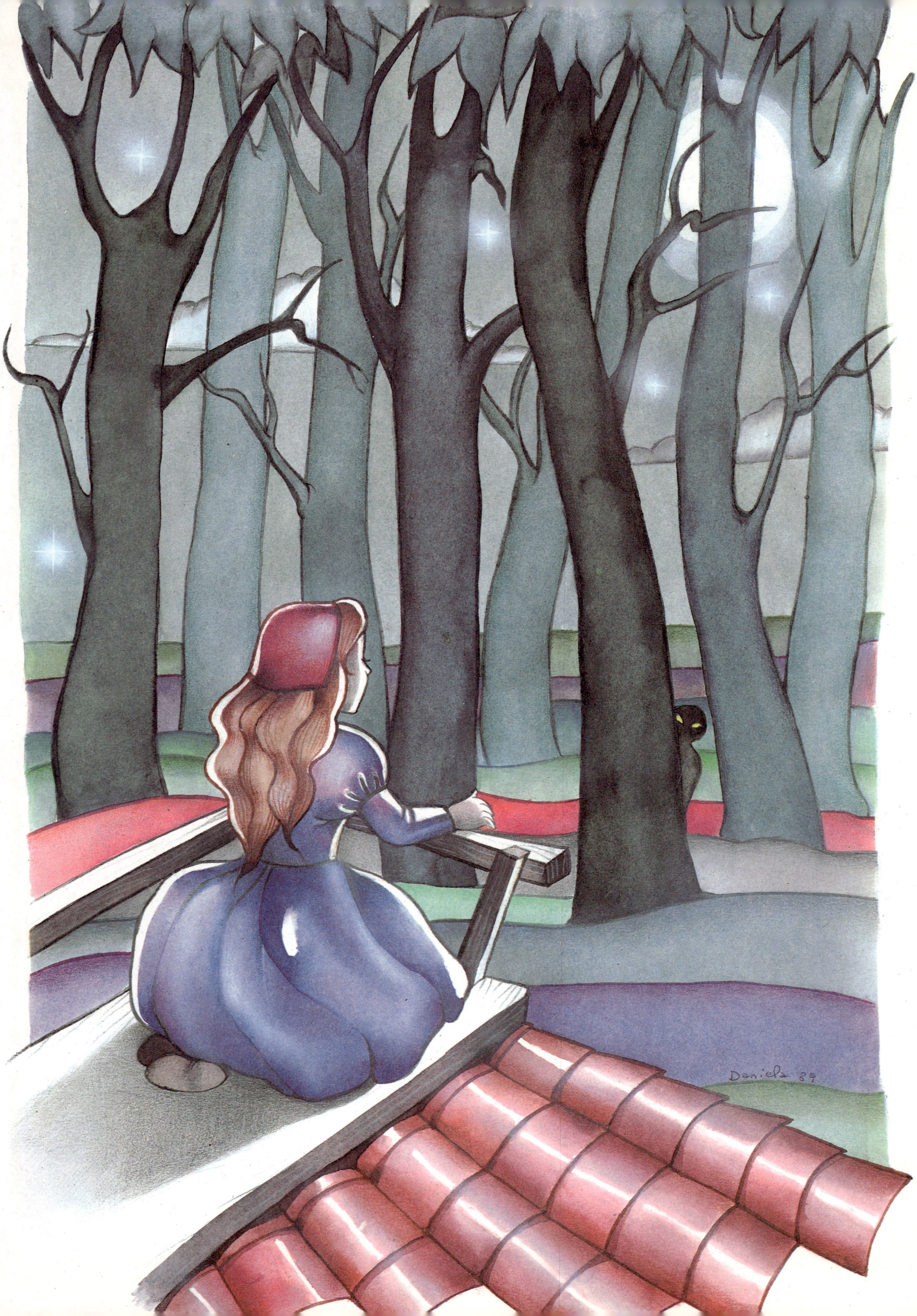
Daniela 89

Essa rispose:

– Molte, ma le ripongo tutte nella mia sacca. –

Intanto pensava al modo di mettersi in salvo; sapeva che, nonostante l'oscurità, lo spirito del bosco l'avrebbe ritrovata, guidandosi con la direzione della voce. Perciò, quando lo spirito la richiamò, rispose:

– Zitta! Non parlare! Non far rumore. Le rane si spaventano e non riesco a prenderne più. –

Mentre durava il silenzio, la fanciulla, piano piano, tornò a casa; entrò cautamente e, senza fare il minimo rumore, capovolse tutte le pentole. Poi gettò via le rane e salì sul tetto, in attesa di ciò che sarebbe accaduto.

L'attesa non fu lunga. Lo spirito del bosco, dopo aver invano chiamato, capì di essere stato ingannato e tornò svelto verso la casa. Si aggirò nel buio a tastoni, alzò le pentole, senza trovare neanche una rana.

– Ah! – esclamò afflitto e la fanciulla lo udì. – Se avessi immaginato che mi sfuggiva, l'avrei mangiata subito insieme alle rane. –

Cercò a lungo inutilmente: c'erano molte pentole; poi spuntò l'alba e dovette andarsene. Allora la fanciulla scese dal tetto ed aspettò il ritorno dei genitori. Quando tornarono, narrò loro la strana e pericolosa avventura avuta; dopo averla ascoltata il padre le disse:

– La prossima volta, quando ti vorremo con noi, dovrai ubbidire. –

Le due faville

In un casolare di campagna, da un ceppo fiammeggiante in un grande camino, si sprigionarono due faville più luminose delle altre.

Per un attimo queste danzarono sotto la cappa, quindi – sempre danzando – raggiunsero la gola nera; indugiarono per un attimo impigliate al velo insidioso della fuliggine.

– Restate qui, restate qui; fuori il vento vi spegnerà –. Sembrò dir loro una misteriosa e sottile voce. Ma le faville non l'ascoltarono, si districarono, e su su, sospinte da una nuvoletta di fumo, scivolarono sopra i tetti, all'aperto.

Era notte, notte serena, chiara di stelle e le faville – che bellezza! – si credettero anch'esse delle stelle.

In quel mentre, alitando lieve, passò il vento. – Per piacere – chiesero le faville – soffiaci un po' verso l'altro; dobbiamo arrivare fino alle nostre sorelle lassù; vedi? La strada è breve. –

Il vento rise, leggermente ironico disse:

– Breve? Non quanto vi illudete! Vedrete... – stava per soffiare le gote, quando una delle due faville, superba, l'interruppe e con tono sprezzante:

– Non importa – disse. – Faccio da me, arriverò meglio e prima: «Guarda!» – E con impeto si slanciò verso l'alto.

L'altra, invece, si rimise umilmente al soffio del vento.

"Il vento – pensava la favilla buona – corre sempre lungo le vie del cielo, esso saprà indicarmi la strada giusta che conduce lassù."

La favilla superba riuscì a fare ben poco cammino. Rasentando le pietre di un'antica torre, s'avviluppò nel muschio e vi rimase prigioniera. Nessuno sforzo potè liberarla; l'aiuto del vento l'aveva già rifiutato; brillò per un attimo, così da sembrare la stella che voleva essere, ma non lo era. Quindi si spense, morì. Null'altro che un punto di cenere nel muschio… nulla più!

L'altra favilla, portata dal soffio del vento, non si arrestò. Va e va,… s'avvide invece di sorvolare una campagna deserta e di illuminare la strada ad un povero uomo stanco che, nel buio della notte, l'aveva smarrita.

– Dio ti benedica, piccola luce – disse l'uomo rincuorato, affrettando il passo perché ormai la sua casa non era lontana, e la favilla si fece più vivida.

L'uomo raggiunse la sua dimora.

Va e va,… sospinta dal vento, finalmente la favilla si fermò, ma non si sentì prigioniera.

Si era posata sul davanzale di una finestra ed al suo chiarore, una mamma che aveva consumato la candela e non aveva il denaro necessario per ricomperarne un'altra, potè alla luce della favilla, rattoppare i vestiti dei suoi bambini che il mattino seguente dovevano recarsi a scuola.

– Dio ti benedica, piccola luce, – disse la mamma con un sospiro, deponendo la roba aggiustata; e la favilla si fece ancor più vivida.

Poi, soffiando lieve, ripassò il vento e la favilla riprese il suo viaggio.

Va e va,… penetrò in una grotta dove in un angolo, dentro una mangiatoia riempita di paglia a guisa di culla, vagiva un bambino. E siccome egli tendeva le mani verso la favilla nell'atto naturale ed istintivo di chi ha freddo, la favilla intenerita, amorosamente gli si avvicinò e lo riscaldò.

– Sii benedetta, piccola luce, – disse il Bambino che altri non era se non il Divino Fanciullo, e con un soffio leggero, spinse la pietosa favilla verso l'alto; tanto in alto, ma tanto in alto… che essa fu degna alfine di raggiungere le sorelle stelle e rimanere – astro scintillante – a brillare in eterno nel cielo infinito.

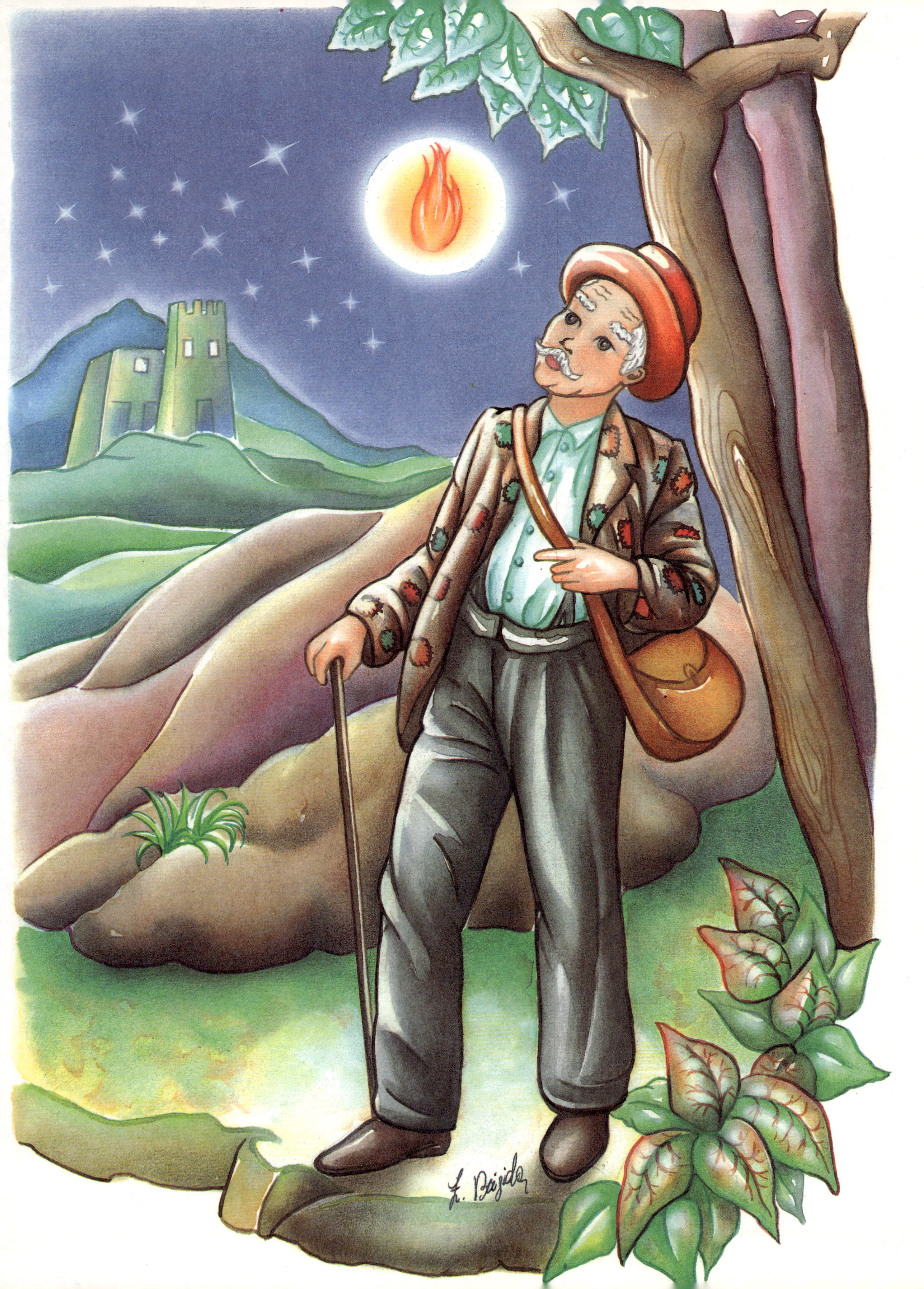

Il miracolo della zucca

I
n un villaggio lontano esisteva una tribù. La gente viveva tranquilla e senza preoccupazioni di sorta, anche se non vi era alcun capo a governarli, tanto tutti andavano d'accordo.
I bambini usavano andare a giocare nei campi.
Un giorno videro una zucca ed uno di loro gridò:
– Guardate quella zucca! Guardate come diventa grossa! –
Quella ad un tratto parlò:
– Coglimi o io colgo te! –
I bambini spaventati corsero subito a casa raccontando quanto era loro successo.
– Mamma, nel campo c'è una zucca che parla – dissero ai loro cari.
Tutte le madri si riunirono ed insieme ad altra gente vollero sapere dove si trovava la zucca, per assistere a quanto detto dai ragazzi.
Non appena giunte sul posto esclamarono:
– È vero, la zucca diventa sempre più grossa! –
Ma la zucca non rispose.
Tornate deluse a casa, dettero dei bugiardi ai figli e questi ritornarono nel campo. Ripeterono la solita frase e la zucca rispose nuovamente con la frase:

Daniela 87

– Coglimi o io colgo te! –

E la zucca crebbe, diventò grossa come una casa ed afferrò tutte le persone. Ultima rimase in vita soltanto una vecchietta: tutti gli abitanti del villaggio erano stati divorati dalla zucca.

Quando questa fu sazia si gettò nel mare inabissandosi.

Ed intanto nel villaggio il tempo passava: la vecchia ebbe un figlio che, divenuto grande, le chiese:

– Dov'è mio padre? –

La madre rispose:

– È stato inghiottito da un'enorme zucca che poi si è tuffata nel mare. –

Allora il giovane disse:

– Lo vado a cercare nel mare. –

Detto fatto partì e, giunto in riva al mare, gridò:

– Zucca, esci! Zucca, esci! –

Siccome non comparve, passò ad un'altra riva più lontana dalla prima e ripetè il grido:

– Zucca, esci! Zucca, esci! –

Finalmente la zucca uscì per inseguire il giovane poveretto; ma questi si arrampicò su di un albero altissimo, quindi discese e corse dalla madre alla quale chiese l'arco e le frecce che avevano in casa e che serviva per andare a caccia. Prese la mira verso la zucca, scoccò sei frecce e tutte quante colpirono la zucca che mandò un terribile urlo e si abbatté uccisa.

Il coraggioso ragazzo fece portare un coltello dalla madre che aveva assistito alla tremenda scena, squarciò la zucca e da essa uscirono uno alla volta tutti gli abitanti del villaggio, che erano stati inghiottiti dalla brutta zucca stregata, domandando meravigliati: – Chi ci ha liberati? –

– Io! – rispose il ragazzo.

– Allora, da oggi, tu sarai il nostro capo e tutti ti vorremo bene. –

E fu così che il giovane eroe ottenne un dominio sereno e governò la tribù molto saggiamente.

La storiella del topo e del cane volante

Un tempo ormai lontano esisteva un topo che voleva possedere le ali del cane volante. Ciò non era tanto facile perché il cane volante si trovava sempre alto nell'aria, e il topo, benché fosse un grande capo-tribù, era sempre costretto a strisciare sulla terra.

Pertanto meditò un'astuzia; osservando le abitudini del cane volante, vide che gli piacevano molto i frutti di un albero che portava i fiori rossi.

Un giorno che lo vide su uno di tali alberi, si arrampicò anche lui e gli rivolse la parola; ma il cane volante spiccò il volo e si posò su un altro albero simile al primo.

Il topo si arrampicò anche su quello e fermò il cane volante che stava per fuggire. Gli disse che, benché tutti quegli alberi fossero suoi, gli concedeva volentieri di mangiare i frutti; allora il cane si scusò di averne mangiati senza il permesso del topo. Poi questi condusse la conversazione verso l'argomento che più lo interessava:

– Dimmi! Non hai paura quando voli in alto? Solo a guardarti io mi spavento. –

– No, caro topo, io non provo alcuna paura. –

– Davvero? Ebbene ascolta: m'è venuta un'idea. Per piacere prestami le tue ali; vorrei imparare a volare. Se sei d'accordo saprò che sei un vero amico. –

– Accetto, te le presterò. Proverai come è bello volare. Solamente non volare troppo in alto e non andare troppo lontano. –

– Oh no: vado a quell'albero laggiù e torno subito. Tu intanto mangia tutti i frutti che vuoi. –

Il cane si tolse le ali e le attaccò al corpo del topo, che osservò: – È meglio che ti dia da custodire le mie cose; mi impediscono nel volo. –

E diede all'amico la coda e le quattro zampe. Il cane le prese in consegna, attaccò la coda e le zampine al proprio corpo ed avvisò il topo:

– Per favore, torna indietro presto, altrimenti faccio tardi. –

Il topo promise che sarebbe tornato subito e spiccò il volo, mentre l'altro rimase a mangiare i frutti. Il topo invece si innalzò, si allontanò senza più mostrare la minima intenzione di voler tornare.

Allora il cane cominciò a lamentarsi e a piangere:

– Uh! Uh! Uh! Il topo mi ha ingannato! È volato via con le mie ali! –

Questa è la storia del cane volante che fu derubato delle ali ed ora deve vivere sulla terra.

Da allora il topo si chiamò cane volante, mentre il cane volante diventò topo.

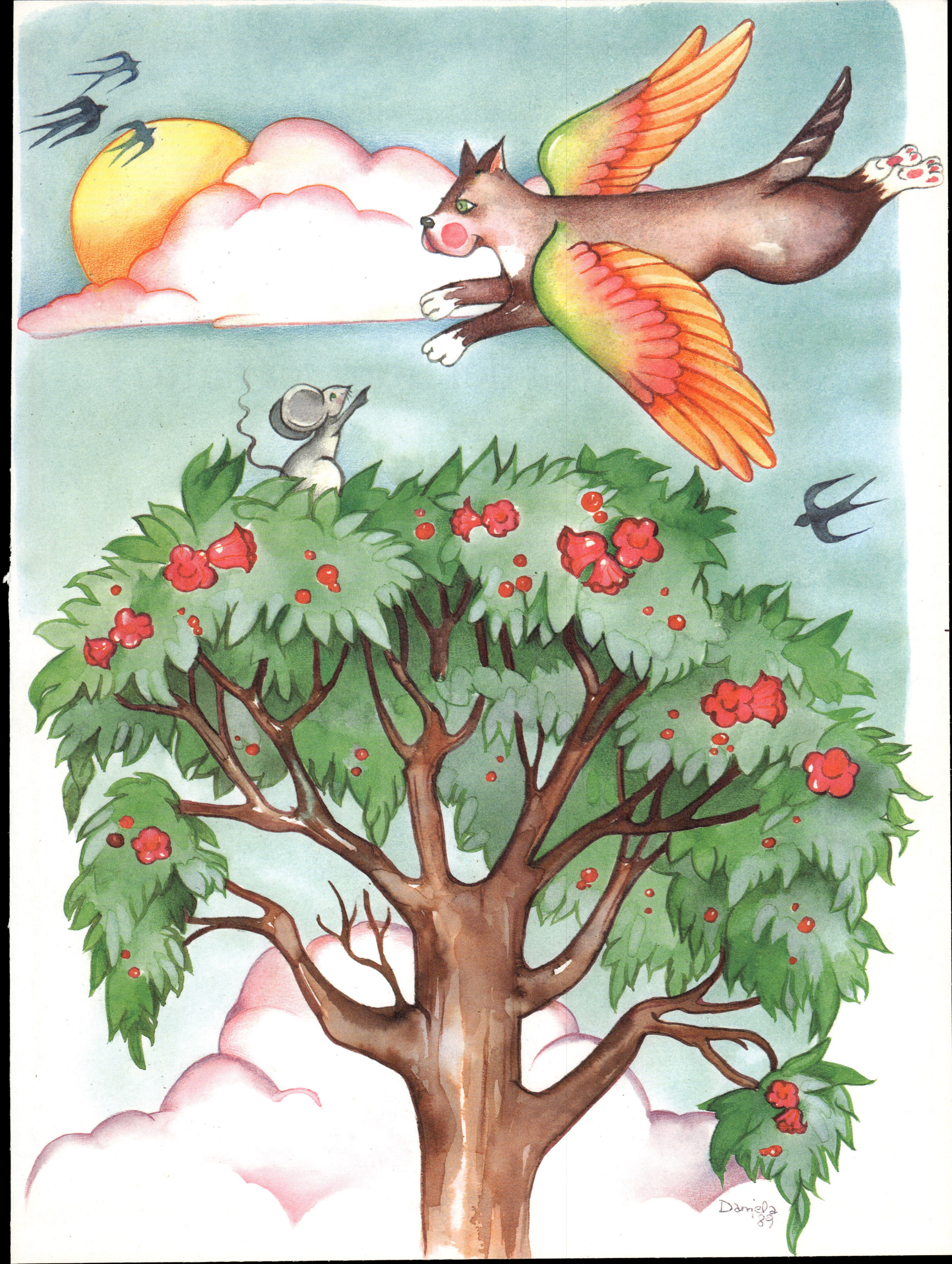
Daniela
89

La leggenda del fiore scarlatto

Da qualche mese è giunto nel Tibet l'archeologo svedese Gustav Hellen, per fare delle ricerche e portare a termine certi suoi studi.
Un giorno, durante i lavori incontra una bella ragazza di nome Fantay, figlia del principe indiano di Pahadamardy di cui si innamora. Ma il padre di lei si oppone al loro matrimonio.
Un giorno i due giovani si incontrano nel bosco:
– Gustav, mio padre ha altri progetti per me, vuole farmi sposare il principe di Kadjnmara... –
– No, Fantay, regina del mio cuore... guarda! I cavalli sono pronti, la notte ci è propizia... fuggiamo. –
– Mio padre ci raggiungerà ovunque siamo. Egli è potente e spietato. –
– Ci nasconderemo in qualche casetta a Tailopa, e poi andremo a Stoccolma. –
– Gustav, io ti amo tanto. Tu sei il mio signore; fa di me ciò che vuoi. –
– Ti farò felice, mia dolce Fantay. –
È trascorso quasi un anno.
Fantay ha avuto un bambino ed i tre vivono in una casetta isolata. Gustav guarda madre e figlio:
– Quando ti vedo allattare Zongo, il nostro bambino, nessun uomo è più felice di me... Ma perché sei così triste oggi, mia cara? –
– Ho sognato tre draghi morenti attorno alla culla di Zongo: ciò è segno di triste presagio. –

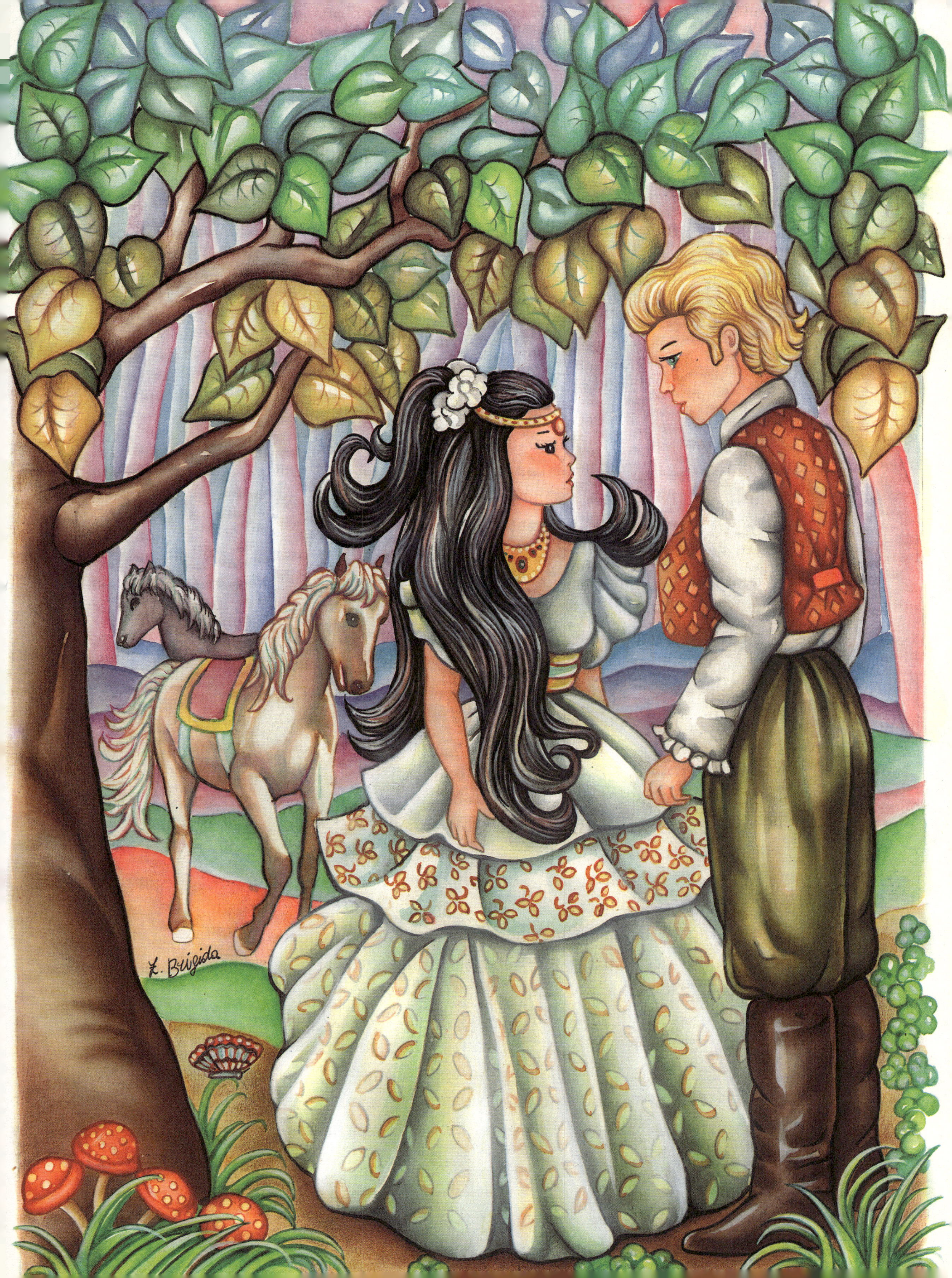
L. Brigida

– Non temere, cara! Tuo padre avrà rinunciato alla sua vendetta... –

– Tu non conosci mio padre... –

– Cara, i miei studi volgono al termine e tra un mese saremo a Stoccolma. –

Ma Gustav Ellen si inganna: il padre di Fantay non ha rinunciato alla sua vendetta. E la notte stessa tre sicari del padre di Fantay uccidono i due innamorati che poi vengono sepolti in un luogo nascosto; quindi fuggono:

– Presto a cavallo! –

– Come era bella la donna! Ora è fredda come un raggio di luna... –

– Il bambino dorme e sorride... –

Percorso un breve tragitto, depongono il piccolo presso la riva del fiume Klubdè.

Uno degli assassini mormora:

– Budda ti illumini, piccolo innocente, e sia clemente con noi! –

E il cielo lo protegge veramente, perché il giorno dopo un ragazzino che si trovava al pascolo con la sua mamma:

– Mamma! – urla – Guarda! Una delle nostre capre sta allattando un bambino... Chi è? –

– Sarà una stella – risponde la madre – caduta dal cielo, Kimoto! – Il ragazzino si avvicina e dice:

– I suoi occhi hanno il colore del cielo. Mamma, saremo noi meno generosi della capretta?... –

– No, figlio, porteremo il bambino a casa e Budda ci benedirà. –

Il governo svedese ha promesso 50.000 corone a chi darà notizie dello scienziato scomparso, ma nessuno ha saputo più nulla.

Ogni tanto qualche giornale parla della misteriosa scomparsa... Ma nessuno si è presentato a riscuotere il premio...

Venti anni sono ormai trascorsi, quando...

Una carovana di pellegrini, guidata da un Lama, è diretta a Lhassa, città santa, a portare doni al Dalai Lama.

Fra le persone del gruppo si intrecciano i colloqui.

– Io sono Deczema, giornalista svedese, e voi? –

– Sono il dottor Wallace, americano, vivo da molti anni in India. Mi sono unito alla carovana per un motivo... diciamo... romantico. Romantico e misterioso, perché tutto quaggiù è un po' misterioso, anche voi, scommetto... –

– No. Io non sono né misteriosa né romantica... Viaggio per il mio giornale e per guadagnare le 50.000 corone promesse a chi saprà dare notizie di Gustav Hellen! –

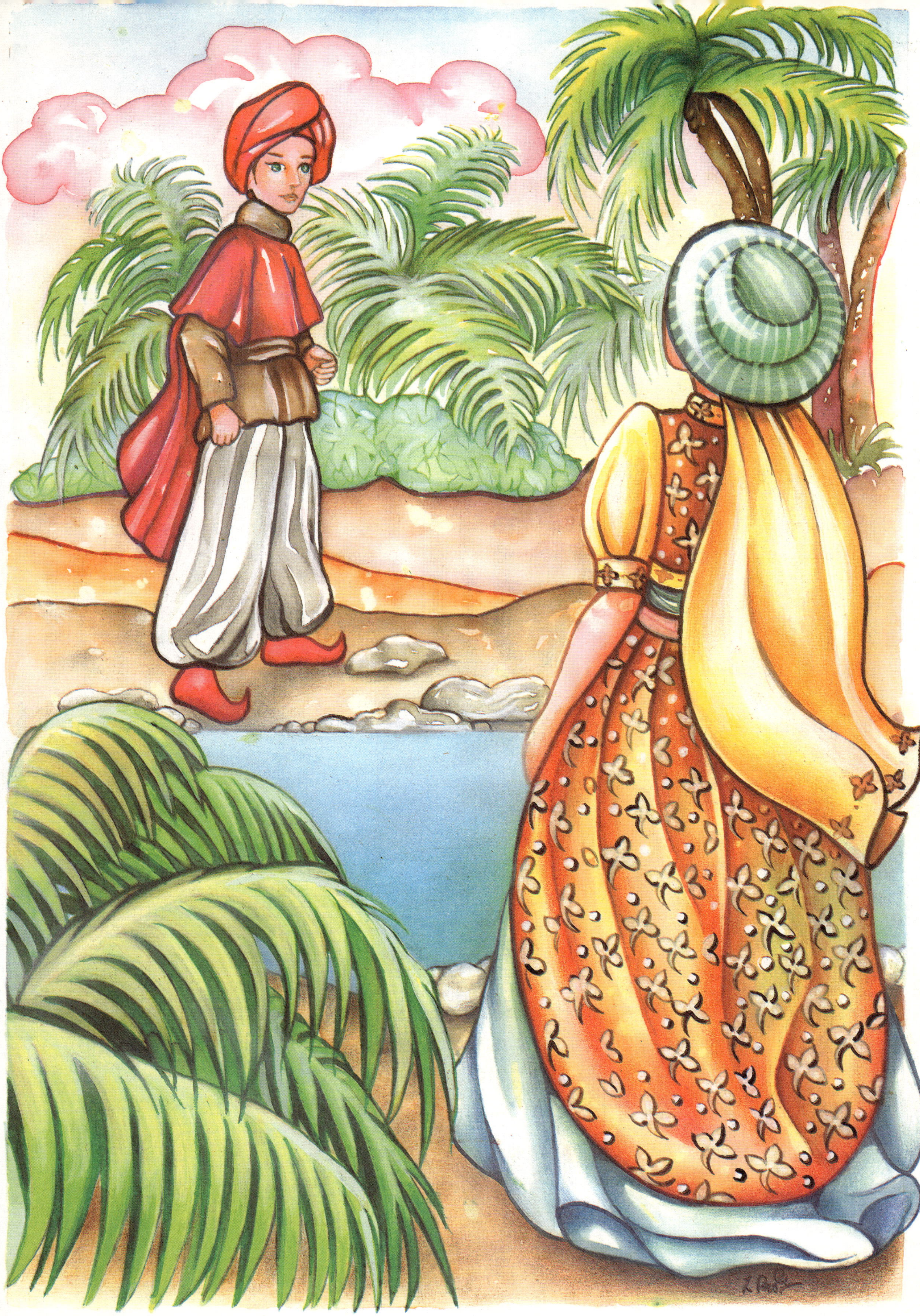

Mentre la carovana è in cammino, l'americano prosegue il suo discorso:
– Vedete il caso?! Io sono qui... quasi per la stessa ragione! Ma le 50.000 corone non mi interessano affatto... –

Improvvisamente un grido fa rabbrividire i presenti.

Uno shepard urla:

– Sventura! Gussar, il bandito... –

Infatti il predone Gussar piomba coi suoi uomini in mezzo alla carovana: il suo cavallo investe il "Lama" uccidendolo. Quindi rivolto alla giornalista svedese:

– Sei bella, fanciulla! I tuoi occhi sono limpidi come le acque del fiume Klubdé! –

Indignata la svedese risponde:

– Non apprezzo i tuoi complimenti, brigante. Lasciami passare. –

– No, tu resterai con me. –

Mentre i pellegrini, spogliati di ogni loro avere, scappano, Gussar scorge qualcosa che brilla accanto al corpo inerme del «Lama».

Si china e:

– Il Fiore Scarlatto! – pronuncia – Voleva certamente portarlo al Gran Lama. –

Il vecchio sacerdote aveva girato tutta l'India per cercare il Fiore Scarlatto, una pietra rossa a forma di fiore, che alcuni fedeli avevano rubato alla statua di Budda nel tempio di Jovo. Recuperatolo, lo portava al Gran Lama perché lo rimettesse al suo posto.

Gussar raccoglie il Fiore Scarlatto e poi trascina Deczema nel suo accampamento.

– Ragazza, non ti piacerebbe essere la mia donna? La mia donna è regina di cento uomini. Le tue vesti sarebbero d'oro e di rubini; di smeraldi gli anelli delle tue dita. Saresti invidiata e temuta da tutti. –

Ma Deczema non l'ascolta, sull'altra sponda del fiume passa un pastore, alto e bello, dai grandi occhi azzurri e dal sorriso radioso; e la ragazza lo guarda, rapita.

Il pastore, che si chiama Zongo, vede a sua volta la fanciulla e, come colpito dalla bellezza di lei, la fissa estasiato e commosso mormorando:

– Budda mi aiuti! Io non ho mai visto un viso più dolce! –

Gussar nota lo sguardo dei due giovani e, accecato dalla gelosia, pensa di vendicarsi: quindi lancia sull'altra sponda il Fiore Scarlatto, dicendo al pastore:

– Zongo, portalo al Gran Lama e in cambio chiedigli la benedizione! –

– Va bene, Gussar, Budda benedica anche te, se hai seguito le sue leggi. –

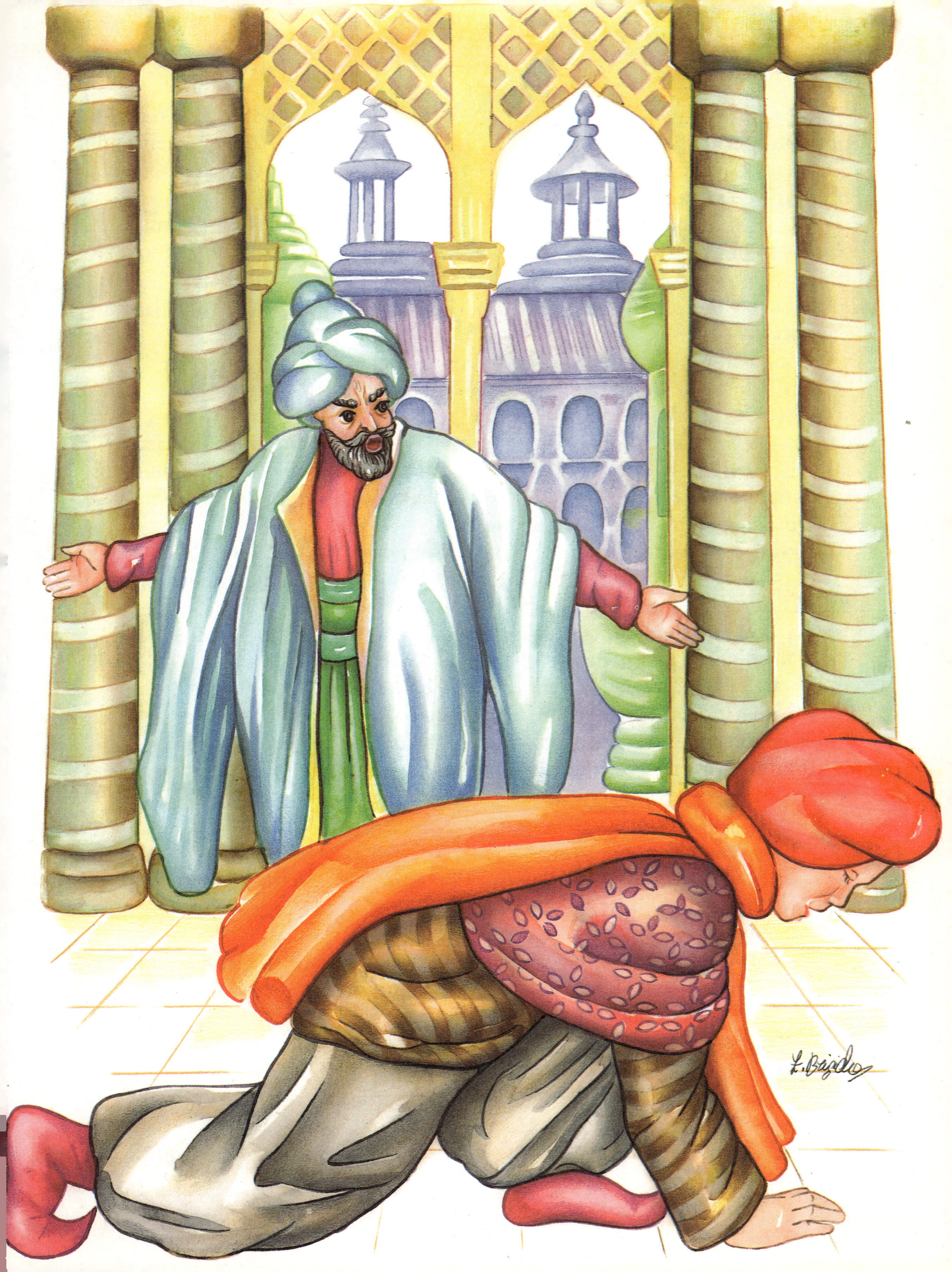

Il bandito sa che il Fiore Scarlatto porta sventura a chi lo riceve da mani profane, per cui il Gran Lama ricevendolo dalle mani di Zongo, pensando alla sventura che l'attende, sarà tremendo nella propria colera e feroce nella propria vendetta...

Più tardi, nel monastero sui monti, Zongo si rivolge al Gran Lama: – Gran Lama, il bandito Gussar mi ha incaricato di consegnarti questo fiore... –

Il Sacerdote, che si è affacciato sulla soglia del tempio, urla: – Il Fiore Scarlatto! –

Zongo non si accorge del turbamento del vecchio:

– Mi darai la tua benedizione, Gran Lama? –

– Avrai la maledizione, invece... per te e le tue capre! Colui che ha posato l'occhio sul Fiore Scarlatto, lontano dall'orecchio di Budda, perderà la luce! Così vuole Kubilai Kan, il Maestro; così dice il Gran Lama e così sarà, finché lo spirito sarà rinchiuso nel corpo! –

Quindi scagliandosi sul giovane urla:

– Non c'è più luce per te! Non c'è più luce per te! –

Il povero pastorello, sotto lo sguardo potente e magnetico del Gran Lama, perde la luce degli occhi e quella del cervello.

Ed il Gran Lama, fissando il giovane continua a ripetere:

– Non c'è più luce per te! Non c'è più luce per te! –

Il poveretto alza le braccia al cielo esclamando:

– I miei occhi! Ho perduto i miei occhi! – Poi cade a terra svenuto. Intervengono tre sacerdoti che ricevono l'ordine di portarlo via.

Intanto Gussar e Deczema sono ancora all'accampamento sulla riva del fiume.

Il bandito seduto accanto alla ragazza le dice:

– Piccolo fiore, pensi ancora al pastore dagli occhi di cielo? Egli tornerà, forse, ma sarà folle e cieco! Gli sorriderai ancora? O sorriderai a Gussar, re dei suoi uomini ma schiavo tuo? –

La giovane lo guarda con disprezzo rispondendo:

– Preferirei baciare la bocca del serpente Amiur che dà il veleno mortale piuttosto che sentire il tuo alito sfiorare il mio viso! –

– L'hai voluto, ragazza superba! Farò cercare sulla montagna sacra il serpente Amiur e poi celebreremo il rito "Rdo Bum". –

– Non so cosa sia questo rito, ma sarà sempre meno odioso di te. –

– Sopra un mucchio di pietre sarai sacrificata per propiziare il dio Budda. –

Intanto i componenti della carovana sono giunti al villaggio Tailopa ed hanno chiesto aiuto alle autorità per liberare Deczema. Il Console svedese di Lhassa ha subito mandato un suo incaricato, Fergussen, che si è incontrato con Wallace.

I due discutono.

– Bisogna tentare ogni mezzo per salvare Deczema. Le autorità locali hanno messo a disposizione una pattuglia di uomini armati. –

– Io verrò con voi, dottore, quando partiamo? –

– Fra poche ore. Il tempo per dare disposizioni... –

Nel pomeriggio infatti la carovana con una pattuglia di uomini armati si mette in cammino.

Quando sopraggiunge la notte la carovana al completo si accampa per riposare.

Fergussen si rivolge verso Wallace:

– Noi staremo svegli a turno, ora dormite, Wallace. –

Ma più tardi una voce giunge all'orecchio dello svedese:

– Il Fiore Scarlatto ha spento la luce!... Il mio sole è rimasto sulla riva del fiume Klubdé! –

Wallace va verso il luogo da dove viene la voce e scorge il pastore, lo interroga:

– Il sole che il bandito Gussar ti ha tolto, dove l'hai visto per l'ultima volta? –

– Non c'è né prima né ultima volta: il sole è sempre stato e sarà nel mio cuore, anche se il Gran Lama mi ha tolto la luce. –

Ciò detto il povero cieco alza il viso e le mani al cielo, come fece dinnanzi al Gran Lama.

– I miei occhi, ho perduto i miei occhi!... – Quindi stramazza al suolo, svenuto.

Un'ora dopo egli dorme nella tenda dell'americano che, con Fergussen, gli è accanto.

– A cosa pensate Wallace? –

– Sembra impossibile! Questo incontro ha del miracolo! –

– Forse conoscete il poverino? O ne avete sentito parlare? –

– È una strana storia... Un giorno un Lama, venuto da me per consiglio, mi raccontò di aver benedetto, molti anni prima, la nascita di un bambino, figlio di uno svedese e di una principessa indiana. I genitori furono uccisi pochi mesi dopo la nascita del piccolo, e questi, che si chiamava Zongo ed aveva gli occhi azzurri come quelli del padre, fu raccolto da una famiglia di pastori. –

– Ma allora è lui!... –

– Io non diedi particolare importanza al racconto del Lama, ma me ne ricordai più tardi, quando lessi su una rivista un articolo che parlava di un archeologo svedese scomparso… Senza dubbio alcuno il ragazzo ha al collo un ciondolo con la fotografia del padre, e anche di questo ciondolo il Lama mi aveva parlato. –

Il mattino seguente Zongo narra la sua avventura e il suo incontro con la fanciulla bianca all'accampamento del bandito: Wallace respira felice di aver trovato una traccia.

Entra un soldato che fa parte della spedizione:

– Signori, tutto è pronto per partire. Fra poco sorgerà il sole. –

Di lì a poco la piccola carovana è in moto. Zongo che tiene alla corda la capretta "Mabruka", cammina innanzi a tutti.

Lo svedese Fergussen dice:

– Seguiamo la bestia e speriamo che ci conduca sulla strada giusta. –

Sono in marcia da appena un'ora quando "Mabruka" si ferma bruscamente.

La guida urla:

– A terra, tutti! –

Tutti si fermano e si gettano a terra. Nonostante la confusione e il rumore, si ode distinta una voce provenire da dietro un picco che si trova poco lontano:

– Zongo, Zongo! –

Il cuore del pastorello ha un fremito udendo quella voce e, prima che possano trattenerlo, egli getta la corda e prosegue, come allucinato.

Intanto la voce continua:

– Zongo, Zongo! –

Al di là della roccia si celebra lo spaventoso rito "Rdo Bum" per Deczema e la ragazza, legata sopra un mucchio di pietre, vede avanzare il serpente e, fuori di sé dal terrore, invoca, senza sapere che è poco lontano colui che ormai le è sceso nel cuore:

– Zongo, aiuto! Il serpente Amiur! –

I banditi, notato il pastore, stanno per avventarsi contro di lui, quando interviene Gussar:

– Ancora tu tra i piedi! Celebreremo un altro rito "Rdo Bum". –

In quel momento una scarica di proiettili uccide gran parte dei banditi e ferma gli altri.

Arriva anche Wallace ed intima:

– Non fate più un passo! –

I superstiti tentano di scappare.

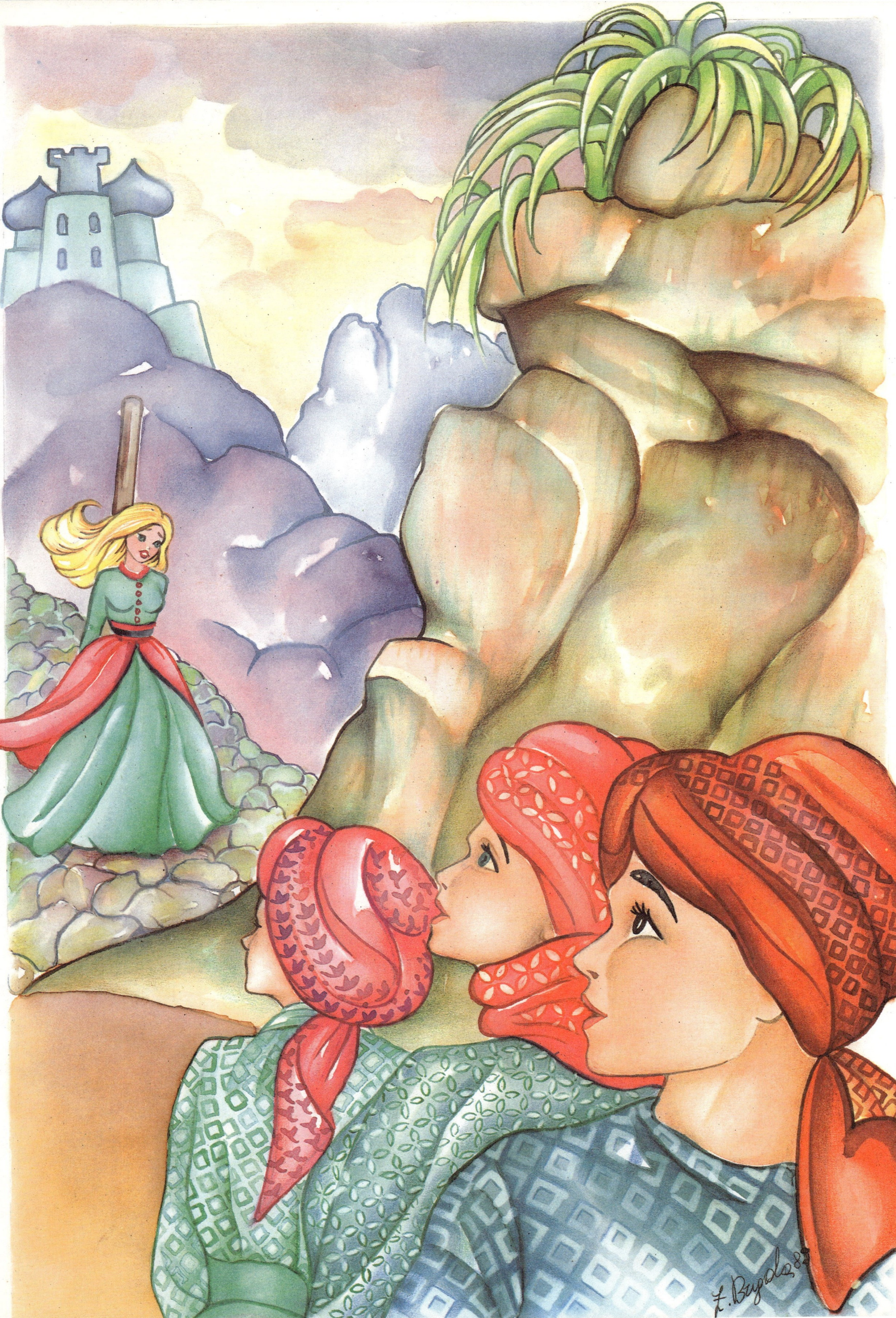

– Ventre di Budda, anche i soldati... Zongo li ha condotti fin qui... –

Cieco di furore, il bandito balza sul giovane e lo colpisce alla nuca. Nello spasimo del dolore, il cieco allunga una mano e, senza volerlo, tocca il serpente, mentre Deczema urla:

– Zongo! Zongo attento! –

Ma Zongo invece afferra il rettile e lo lancia in direzione in cui crede vi sia Gussar... e colpisce il bandito che viene avvinto e... baciato dal serpente Amiur!

E Gussar urla nello spasimo:

– Maledetto, maledetto!... –

E muore fulminato dal potente veleno, mentre Zongo in preda ad una grande agitazione, si solleva sui sassi e...

– La luce, la luce... io rivedo la luce! –

Egli rivede Deczema, i campi fioriti, il cielo azzurro e piange come un bambino.

– Budda mi ha restituito il mio sole... –

La nuova emozione ha avuto, in senso inverso, la stessa conseguenza della prima. Il pastore dagli occhi azzurri ha riacquistato la vista e la ragione.

Qualche ora dopo, sulla via del ritorno, i quattro: Fergussen, Wallace, Deczema e Zongo si fermano.

– Che farai, Zongo, della taglia che era sulla testa del bandito Gussar? –

– Fino a ieri sognavo una casetta lassù. Piena di libri e di ampie finestre da cui dominare il pendìo. –

Interviene Wallace:

– E oggi? –

– Oggi un velo di malinconia mi è caduto sul cuore e sulle labbra. E la montagna è nemica di coloro che non sanno sorridere... –

E Deczema dice:

– Siccome il dottor Wallace vuole lasciare a me il premio del governo di Svezia, comprerò io una casetta ed andrò ad abitarla da sola: io so sorridere ancora... –

Ed ecco che risponde subito Zongo:

– A te è facile sorridere, perché tu sai che io ti amo. –

– No, Zongo, perché so io di amarti. –

– Ma allora, mia diletta Deczema, cosa andiamo a fare laggiù? –

Ciò detto, senza preoccuparsi d'altro, i due giovani risalgono la pista che fiancheggia il Klubdé, il fiume della felicità.

Indice

Rosa di sole	pag.	5
Il mortaio d'argento	»	24
I tre consigli	»	35
Il diamante meraviglioso	»	44
I tre fiori	»	59
Lorenza la cicala	»	78
Giannone il gran portento	»	93
Tredicino	»	103
Il linguaggio dei fiori	»	117
Storiella della monetina d'argento	»	120
L'ultima perla	»	124
L'Angelo	»	127
Le tre melarance	»	130
Le ranocchie	»	134
Le due faville	»	137
Il miracolo della zucca	»	140
La storiella del topo e del cane volante	»	143
La leggenda del fiore scarlatto	»	146

Officine Grafiche Stianti – San Casciano – Firenze
— Giugno 1994 —

© 1994 FME
© Proprietà Letteraria Riservata
A cura di P. Spizzotin, E.D.D., Milano